딱 3년,
공부만 하는
바보가 돼라

50 Rules Kids Won't Learn in School

by Charles J. Sykers

50 Rules Kids Won't Learn In School

딱 3년, 공부만 하는 바보가 돼라

찰스 J. 사이키스 지음 | 문수경 옮김

Sb
smart business

프롤로그

인생에서 가장 중요한 건, '최선을 다하는 태도'란다!

먼저 이 책을 읽기 전에 알아 둬야 할 사실, 두 가지가 있습니다. 첫째, **세상에는 기분 좋은 이야기만 들려주는 책들로 넘쳐납니다. 하지만 이 책은 그런 책이 아닙니다. 읽으면서 가슴이 콕콕, 뜨끔따끔할 겁니다.** 말라리아에 걸렸으면 말라리아 약을 처방해야지, 마시멜로를 처방해서는 안 되기 때문이지요.

둘째, 이 책에 소개된 '성공의 문법'들은 빌 게이츠의 명언이 아닙니다. 2000년대 초반 어느 텔레비전 프로그램에서, 이 책에 나오는 50개 성공 문법들의 원조라 할 수 있는 10개를 소개한 적이 있습니다. 그런데 이것을 빌 게이츠의 명언이라는 소문이 돌면서 큰 인기를 끌었지요.

〈공부만 하는 바보들에게 잘 보여라. 사회에 나온 다음에는 그 바보들 밑에서 일하게 될지도 모른다〉, 〈진짜 가혹한 사람은 학교에 있지 않고 회사에 있다. 선생님이 까다롭다고 생각하거든, 훗날 직장 상사의 매운 맛을 느껴봐라〉, 〈삶은 원래 불공평하다. 익숙해져라〉 등이 SNS에 빠르게 퍼져 나갔지요.

모두가 이 '성공의 문법'들을 만든 장본인이 빌 게이츠라고 생각했습니다. 나는 으쓱한 기분이 들었지만, 마음 한구석이 씁쓸했습니다. 많은 사람들이 내가 만든 '성공의 문법'들을 유용하게 생각해 줘 기분은 좋았지만, 내 이메일 수신함마저도 빌 게이츠의 뛰어난 식견들로 가득찬 걸 보니 아쉬움이 컸지요.

다행히 얼마 지나지 않아 이 '성공의 문법'들을 만든 사람이 바로 나, 찰스 J. 사이키스라는 게 밝혀졌습니다. 내용만 봐도 빌 게이츠가 작성했을 거라 생각하기 힘든데, 왜 애초에 그런 소문이 돌았는지 모르겠습니다. 추측건대 '공부만 하는 바보들에게 잘 보여라' 식의 제목들을 보고, 평소에 빌 게이츠를 가장 성공한 공부벌레로 여겼던 누군가가 소문을 퍼트리지 않았나 싶습니다.

'성공의 문법'들이 빌 게이츠와 상관없다는 사실이 밝혀진 후에도 여전히 인기를 끄는 이유는 무엇일까요?

오늘날 많은 부모와 기성세대는 10대들을 자꾸 보살피려고만 합니다. 아이들에게 잘못된 현실 세계를 가르치고 있으며, 삶의 방법을 제대로 제시하지 못하고 있습니다. 오늘날만큼 아이들 말이라면 뭐든

들어주고, 온갖 응석을 다 받아주는 시대가 언제 또 있었을까요?

희귀병에 걸린 사람이 버블bubble, 무균실이라는 장치 속에서 보호받는다면, 요즘 10대들은 버블랩에 감싸여서 보호받습니다. 누구나 자라면서 상처 입고, 혹도 생기고, 멍이 들지요. 인간관계와 책임에 관련한 문제부터, 도덕적 나침반 없이 옳고 그름을 분간해야 하는 경우까지 다양한 문제를 겪습니다.

그러나 요즘은 아이들을 버블랩으로 꽁꽁 싸매서 애초에 상처 입을 일을 없게 만들려 합니다. **살면서 겪게 될 일에 무방비 상태로, 겁쟁이가 되어 가고 있지요. 살다 보면 어쩔 수 없이 실패와 좌절을 겪을 테고, 아이폰 커버 색깔을 결정할 때와는 비교도 안 될 만큼 힘든 선택을 해야 하는 데도 말입니다.**

현실을 직접 경험할 기회가 없으니, 기대감은 무한정 늘어날 수밖에 없지요. 그러나 아이들이 겪을 학교 밖, 현실 세계는 너무나 힘겹고 실망스럽습니다. 왜냐하면 10대들이 가진 기대감이나 특권 의식은 현실에서는 허용되지 않기 때문이지요.

지금의 10대들이 어른이 되어 담배 피우는 어린 학생을 바라보면, 멋져 보이기는커녕 저능아로 보겠지요. 마찬가지로 학교를 졸업하고 현실 세계를 뛰어들면, 적나라하게 알게 되지요. 행복은 성적순이 아닐지 몰라도 성공은 성적순이라는 사실을요. 학창 시절 공부밖에 할 줄 모르는 바보들의 지독한 노력과 인내심이, 현실 세계에서는 귀한 가치로 인정받습니다.

그러니 더 많은 선택과 여유로움이 있는 삶을 살고 싶다면, 대학 입시를 앞둔 딱 3년, 공부만 하는 바보로 살기 바랍니다. 고등학교 3년 시기가 인생의 90%를 결정한다는 말이 괜히 있는 것이 아니지요.

그런데 공부보다 더 절실하게 하고 싶은, 나에게 맞는 기술과 재능을 찾았다면 어떻게 할까요?

그럼 그 기술과 재능을 위해, 공부밖에 할 줄 모르는 공부벌레처럼 지독한 노력과 인내심을 발휘하면 됩니다. 그 노력과 인내심이 스스로를 감동시킬 때, 현실 세계에서 똑같이 귀한 가치로 보상받지요. 중요한 것은 '최선을 다하는 태도'입니다.

모든 사람에게는 인생을 남에게 희생당하지 않고 잘 살 수 있는 능력이 잠재해 있습니다. **승리자가 되느냐, 패배자가 되느냐는 순간순간 자신의 선택에 달려 있지요. 그 선택은 바로 자기 자신이 하는 것입니다.** 인생의 승리자가 되기로 결정했다면, 무엇보다 최선을 다해야 합니다.

이 책의 부록에 실려 있는 내 친구 폴 그레이엄의 〈최선을 다한다는 것〉을 읽으면 큰 동기 부여를 받을 수 있을 거예요. 이 책을 읽는 10대들의 '첫 시작'을 응원합니다.

· 차 례 ·

The Grammer of Success 01

항상 누군가 너를 지켜보고 있다

블로그, 페이스북, 인스타그램에 접속할 때 영화 속 악당이 비웃으며 "누구랑 상대하고 있는지 전혀 모르시는군."이라고 내뱉는 말을 여러분도 새겨들어라. 인터넷 사이트상에서는 누구를 상대하는지 전혀 알 수 없다.

사이트에 올리는 게시물을 누가 볼지 모르고, 어떻게 사용될지도 예측 불가능하다. 주말에 술고래마냥 마시다가 뻗었다고 떠들어대거나, 채팅으로 이성을 만났다고 자랑하는 글을 올려놨다. 그랬더니 인터뷰를 보러 간 월요일, 미래의 고용주가 이 흥미진진한 정보를 뽑아 여러분 이력서 옆에 나란히 놓을지 누가 아는가

본인 사진을 올리거나 가장 섹시한 사람과 가장 못생긴 사람 순위를 작성해 사이트에 올렸는데, 이웃 아니면 성범죄자가 다운받아 볼지도 모른다.

대중 앞에서 절대 하지 않을 행동이라면 웹카메라 앞에서도 하지 마라. 헨리 루이스 멩켄은 "양심은 누군가 우리를 지켜본다고 경고하는 내면의 목소리다."라고 말했다. 그럼 모든 사람이 지켜보고 있다고 하면 어떤가?

무엇이 도덕적인지 전혀 모를 때 이렇게 해봐라. 어떤 결정을 내릴 때 그런 결정을 내린 당신을 신문에서 뭐라고 말할지 상상하라(사람들이 여전히 신문을 읽는다는 전제가 깔려 있다. 신문을 읽는 게 촌스러워 보이면 인터넷 사이트로 바꿔도 상관없다). 창피할 것 같다면, 부모님부터 여러분에게 투자했던 모든 이들까지 창피해할 일이다.

음주운전, 커닝, 클럽에서의 낯 뜨거운 행위, 세금 탈취, 신입생 환영 파티에서 속옷만 입고 눈은 가린 채 사진 찍기 등 당시에는 너무 재미있던 일이 아침이 되면 다르게 보일 것이다. 특히 SNS에 퍼지기라도 한다면 더 이상 재미있지만은 않을 것이다.

~~~~~~~

관용을 베풀지 않는 요즘 세상에서 개인의 실수는 대중 사이에서 스캔들에 불과하다. 당신의 실수는 그냥 재미있는 가십거리일 뿐이다.
~~~~~~~

당신이 어떤 어려움을 겪을지에는 관심이 없다. 그러니 **어떤 결정을 내리기 전에 스스로에게 물어봐야 한다.**

이 일을 하면 다른 사람이 날 어떻게 볼까? 부모님께 뭐라고 설명하지? 내 형이나 누나에게는? 친구에게는? 코치 선생님께는? 동료들에게는? 이웃에게는? 내 남자친구나 여자친구에게는? 아니면 동네 슈퍼마켓에서 마주치는 사람에게는 뭐라고 설명해야 할까?

그럴듯하게 설명하면 다른 사람도 당신처럼 생각해 줄까? 그냥 웃자고 한 일이라고 여길까? 아니면 도대체 무슨 생각으로 그런 짓을 했는지 의아해할까?

물론 그 당시에는 좋은 생각처럼 보였을 것이다.

- 선생님 커피에 설사약을 넣었다가 발각된 고등학생들.
- 속옷만 입고 신입생 환영회를 여는 모습이 텔레비전에 방영된 소녀 축구팀.
- 맥주를 들이붓는 사진이 인터넷에 게시돼 시합 출전 기회를 잃은 고등학교 농구팀 주장.
- 학교 직원들 사진을 외설스럽게 포토샵 처리해 인스타그램에 올린 졸업생 대표.
- 컴퓨터 하드디스크에 어린이 포르노 영상물을 저장했다가 체포된 소방관.
- 가톨릭 고등학교 여학생들과 왜 욕조에 있었는지 설명해야 했던 풋

볼 선수(부인과 여학생들 부모, 그리고 경찰들에게).

- 고객의 신탁금을 자기 임의대로 빌려 쓴 변호사.
- 회사 자금 20만 달러를 자기 생일 파티에 쓴 이유를 설명해야 했던 CEO.

어떤 사람들은 다른 사람이 어떻게 생각하든 신경 쓰지 말라고 말한다. 외딴 곳에 혼자 숨어살 계획이 아니면 말도 안 되는 소리다.

오늘날 놀라운 과학 기술 덕분에 자료는 영구적으로 남는다. 과거에는 선생님이 학생들을 겁주는 데 사용한 학생기록부가 전부였다. 그러나 오늘날 기록되는 모든 것들은 말 그대로 영구불변하다. 보고 싶을 때마다 인터넷 검색엔진에 들어가 키보드를 두들기면 그만이다.

무슨 일을 할 때마다,
비록 자기만 아는 일이라 해도
온 세상 사람들이 나를 보고 있다면
어떻게 행동할지 자문해 보라.
그리고 거기에 적합하게 행동하라.
_토머스 제퍼슨

The Grammer of Success 02

삶은 원래 불공평하다

젊은이들은 "불공평해!"라는 말을 입에 달고 산다. 특히 십대들은 이 말을 하루 평균 8.6번씩 내뱉는다고 한다. 모두 부모님에게서 배운 말이다. 이 말을 입에 달고 다니는 부모님을 보면서, 정말 당신은 우리 부모님 세대가 공평한 것에 배려하는 이상적인 세대라고 생각했을지도 모른다.

그러나 당신이 부모님과 똑같은 말을 하기 시작하면, 삶이 불공평하다는 현실을 깨달았다는 소리다.

- 허리케인, 쓰나미, 유행병, 지진, 기근은 불공평하다.
- 착한 사람이 언제나 이길 수 없다는 건 불공평하다.

- 다른 사람이 나보다 키가 크고, 빨리 성장하며, 아이스크림을 아무리 먹어도 살이 찌지 않는 건 불공평하다.
- 학교 선생님들 월급을 다 합쳐도 연예인 한 사람의 수입보다 적은 건 불공평하다.
- 멍청한 입사 동기가 상사에게 아첨을 잘해서 좋은 자리를 차지하는 것도 불공평하다.

"삶은 불공평하다. 그리고 삶이 불공평하다는 사실 자체도 불공평하다."라고 작가인 에드워드 애비가 말했다.

세상의 불공평함에 우리가 할 수 있는 일이란 없다. **대신 불공평한 일을 당할 때, 어떤 반응을 보일지가 우리의 몫이다. 어떻게 반응하느냐에 따라 우리가 어떤 사람이 될지 결정된다.**

유대인 포로수용소의 생존자이자, 심리학자인 빅터 프랭클은 이렇게 말했다.

"인간이 가진 모든 것을 빼앗는다고 해도 주어진 환경에 어떤 태도나 방법을 취할지 결정할 자유만은 빼앗지 못한다."

우리는 정의감 때문이 아니라 삶에서 책임져야 할 일이 있음을 알았을 때, 세상이 불공평하다고 말한다.

자기 행동에 책임져야 할 때, 선택하면 반드시 결과가 뒤따른다는 걸 알았을 때, 일을 해야 돈이 생기고 실수했으면 문제를 해결해야 하며 컴퓨터 게임만 하면 다른 사람들이 받는 보상을 얻지 못한다는 것을 알았을 때, 우리는 "세상은 불공평해!"라며 투덜거린다. 그러나 그건 절대 불공평한 일이 아니다.

수많은 젊은이들이 자신을 특별한 존재로 여긴다. "너는 특별하다."라는 말을 귀에 못이 박히게 들으며 자랐으니 당연하다. 자아실현을 하고, 온갖 특혜를 당연시하면서 자부심을 키워 왔다. 언젠가는 연예인과 데이트를 하고, 쇼프로에 나가서 일등을 해 가수가 되고, 고급 승용차를 몰게 될 거라 생각하는 젊은이들도 있다. 그러나 곧 실망에 익숙해질 것이다.

기대했던 것을 얻지 못하면, 삶은 불공평해 보인다. 그러나 원하던 것을 얻지 못했다고 해서 삶이 불공평하다고 말할 수는 없다. 살면서 실망을 느끼는 게 당연한 일이지, 세상이 우리를 괴롭히고 있다는 증거가 될 수는 없다.

전 세계적으로 굶어 죽는 사람들이 존재하는 건 불공평한 일이다. 그러나 멋지게 차려입고 놀러 다니지 못하는 건 불공평한 게 아니다.

국가가 진 빚을 우리가 떠맡는 건 불공평하다. 그러나 식구들이 잘 시간에 시끄러운 음악을 꺼야 하는 건 불공평한 게 아니다.

이제 우리 스스로가 선택할 차례다. "불공평해!"라는 말을 끊임없이 외쳐댈 텐가, 아니면 인생에서 책임져야 할 일들이 있음을 깨닫고 어떻게 할지 배울 텐가.

~~~~~

버블랩, 이른바 '뽁뽁이'에 감싸여 성장한 사람에게는 삶의 불공평한 일들에 대처할 능력이 없다. 친구들 때문에 실망하고, 선한 사람들이 병에 걸리며, 스포츠 스타들은 무릎 부상으로 고생을 한다. 복권은 멍청이들만 당첨되고, 전도유망한 한 물리학자는 젊은 나이에 불치병에 걸려 평범하게 살지 못했다.

유명한 물리학자 스티븐 호킹이 태어나면서부터 휠체어 신세를 진 건 아니었다. 어렸을 적 그는 농구나 축구는 잘 못해도 열일곱 살에 들어간 영국 옥스퍼드 대학에서 조정선수로도 활약할 정도로 활동적이었다. 영재로 알려져 대학 시절부터 스타 대접을 받던 호킹은 대학 3학년 때 갑자기 아무 이유 없이 넘어지거나 몸에 이상을 느꼈다.

스물한 번째 생일을 보내고 전문의를 찾아가서 다양한 의료 검사를 받은 후, 호킹은 자신의 몸에 무슨 일이 일어나는지 알게 됐다. 그는 이름도 모를 희귀병에 걸렸고, 치료법이 없어 병세는 악화될 거라는 말을 들었다.

호킹은 이후 이렇게 썼다.

"불치병에 걸려서 몇 년 내에 죽을 거라는 말을 들었을 때, 말로 형용할 수 없는 충격을 받았다. 왜 내게 이런 일이 생겼지? 왜 내가 이렇게 죽어야 해?"

삶은 너무 불공평하지 않은가?
~~~~~

병원에 입원한 호킹은 백혈병으로 입원했던 소년이 옆 침대에서 죽는 걸 지켜봤다. 호킹은 결론을 내렸다.

"나보다 훨씬 심한 사람들이 있었다. 적어도 나는 고통을 느끼지 않았다. 나 자신이 불쌍하다고 생각될 때면 그 소년을 떠올렸다."

호킹의 상태는 심각해졌다. 신체 능력은 저하됐다. 그는 늘 죽는 악몽을 꾸거나, 자신을 희생하여 다른 이들을 구하는 꿈을 꾸었다.

"그러나 나는 죽지 않았다. 내 미래에 먹구름이 드리워져 있었지만, 놀랍게도 나는 그 어느 때보다 삶을 즐겼다."라고 호킹은 썼다. 몸 상태는 나빠졌지만 과학 분야에서 그의 명성은 높아졌고, 한 여자와 약혼도 했다.

호킹은 말했다.

"약혼이 내 인생을 바꿨다. 간절히 살아야 할 이유가 생긴 것이다."

1974년 이후로 호킹은 혼자 밥을 먹지도 침대에서 일어나지도 못했다. 그럼에도 물리학 연구는 계속됐다.

1985년 호킹은 또 다른 시련을 겪었다. 폐렴에 걸린 호킹을 살리기 위해 의사들은 목으로 바로 공기가 들어가도록 수술하느라 기관을 절개했다. 이미 많은 시련을 겪었던 호킹은 이제 영원히 말도 못하고, 24시간 병간호를 받는 신세가 됐다. 평생 휠체어에서 지내야 했다.

한동안 이 특별한 과학자는 다른 사람이 알파벳을 가리키면 눈썹을 올리는 식으로 문장을 만들며 대화를 나눴다. 그러다가 작은 컴퓨터와 음성 합성을 사용해 얘기를 나눌 수 있게 되었고, 수많은 책과 수

십 개의 과학 논문을 썼으며 대중에게 연설도 했다.

호킹은 세계에서 가장 유명한 물리학자가 됐다. 그에게는 자녀 세 명과 손주 한 명, 그리고 명예학위 열두 개가 있다. 그는 영국 과학 단체인 로열소사이어티의 일원이 되었으며, 미국과학협회의 일원으로 수많은 상을 받았다.

장애와 비극으로 점철된 자신의 삶을 어떻게 생각하느냐는 질문에 호킹은 이렇게 대답했다.

"별다른 건 없어요. 가능한 한 평범하게 살려고 노력하죠. 내 건강이나 장애 때문에 어떤 일을 못해도 신경 쓰지 않으려 노력해요. 못하는 일이 많지도 않지만요."

호킹은 삶이 불공평하다고 투덜대지 않았다. 누가 호킹 앞에서 삶이 불공평하다고 불평할 수 있는가?

The Grammer of Success 03

공부만 하는 바보들에게 잘 보여라

빌 게이츠는 지구상에서 가장 유명한 공부벌레 억만장자다. 만약 여러분이 학창 시절의 빌 게이츠를 봤다면 짓궂게 장난쳤을 테고, 점심시간에 멋진 애들 주변에 앉지도 못하는 것을 목격했을 것이다.

여기에도 인생의 교훈이 있다. 당신이 그 시절의 빌게이츠에게 친절하게 대하고 친하게 지냈다면, 지금쯤 그가 어떤 스톡옵션을 보답으로 줬을지 한번 상상해 보라.

대부분 사람들이 공부만 하는 범생이들을 기억한다. 범생이들은 운동장이나 체육시간에 가장 마지막에 짝으로 선택받는 애들이다. 아이들이 선택받는 순서는 인기와 지위를 가늠해 주는 믿을 만한 지표였다. 가장 먼저 선택받는다면 반에서 가장 운동을 잘한다거나 인기가 많다는 증거였다. 후반부에 선택받으면 사교적으로 실패했음을 보여줬다.

가장 마지막에 선택받으면 회복 불가능한 괴짜라는 소리다. 짝을 선택하는 것은 곤혹스러운 만큼 삶의 귀중한 교훈을 준다. 즉 어떤 것을 능숙하게 해내게 만드는 강력한 동기가 된다.

축구나 배구를 못하면 시사나 외국어에 능통하거나, 어려운 기술을 숙달하려고 노력할 것이다. 단순히 친구들에게 복수하고 싶은 유혹 때문에 무엇이라도 잘해 보려고 애썼던 게 아니다. 뭔가 하나라도 잘해서 아이들 사이에 끼어들 수 있도록 구제받고 싶은 소박한 희망 때문이었다.

〈나폴레옹 다이너마이트〉대학 공부벌레 이야기를 다룬 컬트 코미디 영화가 문화 아이콘이 된 데에는 다 이유가 있다. 정말로 성공하고 인기 있는 아이들은 이 같은 사실을 잘 알고 있는 듯하다.

범생이를 괴롭히는 아이들은 진짜 인기 있는 아이들 주변에 머물고 인기가 불안정한 경우가 많다. 그래서 **사회적으로 배척당하는 이들을 괴롭혀 자신의 우월성을 강조하고 지위를 세우려고 애쓴다.** 이들은 학교에서 가장 몸집이 좋고, 똑똑하고, 가장 멋진 아이들과 경쟁하길 겁낸다. **가장 약하고 공격하기 쉬운 아이들을 괴롭히면서 자신이 괜찮은 애임을 증명하길 원한다.**

약한 아이들에게 짓궂게 장난치면서 웃을 수는 있다. 그러나 이것은 물건을 쑤셔 넣으며 괴롭히는 자신의 사물함과는 너무나 다르다. 네가 어떤 사람인지 역력히 보여줄 뿐이다.

그렇더라도 괴짜라고 놀림받는 것이 얼마나 힘든 일인지, 아이들이 다른 아이들에게 얼마나 잔인해질 수 있는지 절대 과소평가하지 마라. 또 청소년기에 인기가 없다는 사실만으로 받아야 하는 돌팔매질과 화살을 견뎌낸 것을 절대 과소평가하지 마라. 십여 년이나 버텨낸 공부벌레들에게 현실 세계는 무서울 것이 없다.

이것도 기억하라. 학교에서 멋있게 지냈다고 졸업 후의 인생까지 멋져지지 않는다. 어른의 삶은 완전히 다르다. 학창 시절에는 가장 가치 있게 보였던 특징들이, 오히려 부적절하고 무가치하며 열등한 것으로 판명될 수도 있다. 동시에 친구들이 무시하던 기술과 재능이 귀한 가치를 지녔다고 밝혀질 수도 있다.

그리고 무엇보다 대부분의 사람들이 그렇듯이, 죽을 때까지 그들 밑에서 일하게 될지도 모른다.

~~~~~

작가인 폴 그레이엄에 따르면 어른들이 하는 가장 흔한 후회 중 하나가, 다른 사람들이 어떻게 생각할지에 신경을 너무 많이 썼다는 점이었다.

그레이엄은 덧붙여 말했다.
~~~~~

이들의 말은 다른 사람들이 자신을 어떻게 생각할지 신경 썼다는 뜻이다. 어른들도 다른 사람들 생각에 신경 쓴다. 대신 여기서 다른 사람들이란 선별된 이들이다.

내 경우 30명 정도의 친구들 의견에 신경 쓴다. 그러나 나머지 사람들의 의견에는 영향을 받지 않는다.

고등학교 때는 친구들이 나이와 지리적인 이유로 인해 우연히 선택되었다. 당신이 그들의 판단을 존중해 친구로 선택한 것이 아니다.

현재 여러분이 걱정하고 있는 문제들 중 대다수는 어쩌면 전혀 걱정할 거리도 못 된다는 소리다. 무엇을 입을지, 무엇을 살지, 뒤에 앉은 애가 여러분 엉덩이를 어떻게 생각하는지, 혹은 가장 최신형 핸드폰을 가졌는지 못 가졌는지 걱정할 필요 없다.

지금부터 20년 후 여러분이 같이 놀러 가고 싶어 하던, 역사 수업시간에 뒤에 앉아 있던 애가 기억날지도 모른다. 그러나 그때가 되면 그녀가 많이 신경쓰이진 않을 것이다.

범생이들에게 잘해 줘야 할 더욱 그럴듯한 이유가 있다. 이는 훌륭한 행동이기 때문이다. 이것은 사회적 지위가 동등하지 않은 사람들을 잘 대하는 습관으로 이어진다.

대기업 CEO들을 조사한 최근 자료에 따르면 사람들이 웨이터, 비서, 경비원을 대하는 방식이 이들 성격을 잘 보여준다는 의견에 CEO들이 만장일치로 동의했다.

레이티온 CEO인 빌 스완슨은 "비즈니스에서 가장 신뢰받는 법칙 중 하나는 당신에게 친절하지만 웨이터나 다른 이들에게 무례하게 구는 사람은 괜찮은 사람이 아니다."라고 말한다.

접수원에게 무례하게 굴었다가 취업에 실패한 사람들 수를 생각해 볼 때, 똑똑하지 못한 사람들이나 그런 행동을 한다.

나는 성공의 비결을 모른다.
그러나 실패하는 확실한 비결은
모든 사람을 만족시키려고
애쓰는 것이다.
_빌 코스비

The Grammer of Success 04

당신의 성공을 진실로 응원하는 친구가 진짜 친구다

독일어에서 빌려온 '샤덴프로이데Schadenfreude'는 다른 사람들이 실망하고 고통을 겪을 때, 나는 즐거워한다는 뜻을 가진 단어다. 이 샤덴프로이데가 요즘 리얼리티쇼의 기본 원칙이다.

샤덴프로이데와 대비되는 감정이 질투심이다. 다른 사람의 성공 이야기에 우울해진다. 질투심은 추한 감정이고 못난 삶의 태도다. 질투를 이상주의로 치장하려고 하면 정말 추해 보인다예를 들어 정의나 공평성을 들먹이는 경우 대부분 질투를 감추려 할 때다. 인류는 오랜 세월 이웃의 것을 탐해 왔고, 특히 이웃이 자기보다 좋은 물건을 가지면 화를 냈다.

어느 날 오후 워싱턴 D.C.의 한 호텔방에서 이 원칙이 떠올랐다. 아는 작가가 책을 냈는데, 평단의 좋은 평가와 함께 곧바로 베스트셀러가 되었다. 그는 성공을 거둘 만한 자격을 갖춘 작가였다. 시의적절한 글을 쓴 데다, 여론이 논쟁을 벌이는 주제를 잘 다뤘다.

그리고 나는 우울했다. 그와 비슷한 주제를 다룬 내 책은 성공하지 못했기 때문이다. 다른 작가가 인기를 얻는 것을 보니 자존심이 크게 상처를 입었다. 내 상대적인 실패는 그 작가 때문도 아니었고, 그의 성공으로 내가 뭔가를 빼앗기지도 않았건만 나는 의기소침해졌다.

그런데 그 작가 친구가 워싱턴의 어느 서점에서 그날 저녁 사인회를 연다는 것이다. '가야 하나?'라는 질문이 떠올랐을 때, '굳이 찾아가서 괴로워할 필요가 있을까'라는 생각이 들었다.

그러나 다시 생각해야 했다. 젊을 때는 열정이 있지만 나이가 들수록 씁쓸함이 생긴다. 솔직히 그런 씁쓸함을 느끼고 싶지 않다. 무의미한 감정이기 때문이다. **다른 사람의 성공에 우울해하는 게 내게 무슨 유익이 되겠는가?**

자신의 실패 때문에 우울해질 수는 있겠지만 말이다단, 실패에만 생각을 집중해서는 안 된다

그러나 다른 사람의 성공 때문에 자신을 불쌍히 여기고, 몸부림치며 괴로워할 이유는 없지 않은가?

괴로워한다고 글이 더 잘 써지는 것도 아니고, 그의 책이나 내 책의 판매량이 달라질 리도 없다. 내 시간만 망치고, 나만 고통스러울 뿐이다. 결국 스스로 점점 추해지고 자신을 패배자로 만든다. 추한 패배자가 되길 원하는가?

게다가 다른 사람의 성공으로 씁쓸해지는 게 습관이 될 가능성이 높다. 인생을 살면서 자신보다 더 큰 성공을 거둔 사람들을 수없이 만나기 때문이다.

형제자매, 친구, 혹은 그냥 아는 사람이 자신만의 팀을 만들거나 졸업생 대표로 뽑히고, 시합에서 이기며, 나보다 높은 성적을 받고, 내 데이트 상대보다 훨씬 더 섹시한 이성과 데이트하며, 더 좋은 대학에 입학해서 더 나은 직업을 얻어, 더 비싼 차나 좋은 집을 사는 걸 곧 보게 될 것이다.

~~~~~

다른 사람들의 행운에 '내가 어떻게 반응하냐'는 그나 그녀의 성공에 아무런 영향을 미치지 않는다. 대신 내가 어떤 반응을 보이냐에 따라 내가 어떤 사람이 될지 결정된다.

나도 그날 호텔방에서 결정을 내려야 했다. 사인회에 갈지 말지에 대한 결정만이 아니었다. 영원히 속 좁은 사람으로 살면서 다른 사람의 성공에 분노할지 말지를 결정해야 했다. 그 작가나 내 책의 판매량은 내 맘대로 할 수 없는 문제다. 대신 친구의 성공에 내가 어떤 반응을 보일지는 스스로 결정할 수 있다.

나는 질투심을 극복하기로 결정했다. 그날 저녁 사인회에 참석해 그에게 축하의 말을 전하면서 악수를 하니, 기분이 굉장히 좋아졌다.
~~~~~

그후로도 살면서 누군가에게 좋은 일이 생겼다는 소식을 듣고 화를 낼 뻔한 적이 몇 번 있었으나, 그때마다 그 호텔방에서의 오후를 생각했다.

여러분도 다른 사람의 성공에 질투하고 화내지 말자고 결정한다면 화낼 구실을 하나 없앤 셈이다. 쉽게 분노하는 사람이 되지 않기로 결정했음에 여러분도 만족할 것이며, 사실상 이 결정 덕분에 여러분은 자유를 얻을 것이다. 씁쓸하게 웃으면서 속을 부글부글 끓이는 사람들 중 한 명이 되기 싫지 않은가.

친구를 고를 때 이 원칙을 기억해라. 여러분의 성공을 질투하는 친구가 있다면 명심하라. 그는 진짜 친구가 아니다.

당신의 결점을

칭찬하는 사람은

당신이 가지고 있는 것을

빼앗고 싶어 하는 사람이다.

_후안 마누엘

The Grammer of Success 05

네 친구를 보면, 네가 어떤 사람인지 안다

자기 주변에 있는 사람들이 다 친구는 아니다. 그리고 친구라 해도 그가 가족은 아니다. 가족은 선택 사항이 아니지만, 친구는 신중하게 선택해야 한다.

가끔 가족이 아무리 우리를 짜증나게 해도 가족을 대신할 것은 없다. 우리 인생에 가장 큰 영향을 끼치며, 중요한 사람들은 바로 부모님이다. 친구도 선생님도 동료도 아니다. 우리가 필요할 때면 언제나 달려와 도와줄 분들은 부모님이다. 친구나 동료가 그래 주리라는 보장은 없다.

함께 학교에 다니거나 일하면, 같이 보내는 시간이 많기 때문에 절친한 친구 혹은 가족처럼 느껴지기도 한다. 그러나 메신저로 맺어진

관계는 깊지 않으며 오래 지속되지도 않는다. 일 때문에 맺은 관계 역시 마찬가지다. 진정한 관계와 그렇지 않은 관계를 분간할 줄 알아야 한다.

인간 본성과 관련해 불쾌한 교훈 한 가지를 들려주겠다. 대부분의 사람들은 이기적이다. 우리가 친구라 여겼던 사람들은 자신이 얻을 게 없다고 생각하는 순간, 우리의 발등을 찍을 수 있다.

조금 덜 냉소적으로 말하자면 우리가 필요할 때 진정한 친구는 곁에 있어 주겠지만, 현실적으로 진정한 용기와 희생을 보여주는 경우는 드물다. 이를 몰랐다면 엄청난 충격을 받을 수 있다.

이 때문에 대학을 선택할 때처럼 친구도 신중하게 선택해야 한다. 어떤 경우엔 대학과 친구 둘 다 한꺼번에 선택할 때도 있다.

~~~~~

18세기의 체스터필드 경은 아들에게 충고했다.

"옛말처럼 너와 함께 지내는 친구가 네가 어떤 사람인지 말해 준다. 똑똑한 사람이라면 나쁜 짓을 하거나 속임수를 써야 할 경우 악당이나 바보를 사귄다."

친구는 우리의 성격을 형성할 뿐 아니라 꿈도 결정짓는다. 패자와 어울리면 우리도 패자가 될 가능성이 높다. 추하게 노는 사람들과 어울리면 우리도 곧 추해진다. 자신의 미래를 심각하게 생각하는 사람
~~~~~

과 시간을 보내면 우리도 그에 동참할 것이다.

하버드라는 대학을 교육기관으로 보면 그렇게 크게 칭찬할 만 하지 않다. 대규모 강의가 너무 많고 학부생들은 정교수에게 수업을 받지 못할 때도 많다. 그러나 **하버드 같은 최고 대학이 가진 진짜 강점은 그런 학교에 다니는 학생들이다. 그곳에는 최고 엘리트들이 모여 있다.**

여러분만의 엘리트 그룹을 찾아라.

그가 무엇을 보고 웃는지
무엇을 보고 비웃는지가
그 사람의 인격과 기질을 보여준다.
_ 요한 볼프강 폰 괴테

The Grammer of Success 06

그가 어떤 사람인지는 행동을 보면 안다

의도가 좋았다는 걸로 충분치 않다. 진실로 최선을 다했다로는 부족하다. **올바른 선택을 하고 옳은 행동을 해야 한다.**

세상물정을 모르는 사람은 죄수들은 선량한 사람들인데, 오해 때문에 감옥에 갇혔다고 생각한다. 범죄학자인 안소니 다니엘스는 범죄자들 대부분이 이른바 '진정한 나'라는 존재를 믿는다고 말했다. '진정한 나'는 사람들을 때리거나 도둑질하지도 않고, 강간을 저지르지도 않으며, 마약을 거래하지 않는다고 생각한다.

다니엘스는 말한다.

"그러지 않다, '진정한 나'라는 개념은 인간의 행동과 상관없이 자존감을 유지시켜 주는 핵심 가치다."

태도를 바탕으로 평가받아야 한다고 생각하는 사람들은 자신의 취지는 진실했다고 주장한다. 하지만 그것만으로는 부족하다.

의사나 건축가에게 진실한 의도만 있을 뿐이면 곤란하다. 의사는 수술을 해서 환자를 살려야 하고, 건축가는 건물이 무너지지 않게 지어야 한다. 진실한 의도만으로는 심장병 환자를 살리지 못하고, 무료식당에서 식사를 제공하는 봉사를 하지 못한다.

~~~~~

작가인 톰 맥마혼은 삶의 힘든 상황들이 우리의 취지를 테스트한다고 말했다.

다음은 맥마혼의 글 중 일부다.

> 당신을 사랑하는 사람이라면 당신이 아플 때 돌봐준다. 사랑하는 사람이라면 당신이 입원할 때 병문안 와준다. 사랑하는 사람이 죽으면 장례식에 간다. 사랑하면 잊지 않고 전화한다. 사랑하면 보러 간다. **사랑하는데 이런 행동들을 하지 않을 리 없다.**
>
> 만일 누군가가 "네가 6개월간 입원해 있는데 못 가봐서 미안해, 하지만 난 널 사랑해."라고 말한다면, 사실이 아니란 걸 단번에 알 것이다. **사랑하는데 그렇게 행동할 리 없다는 걸 알기 때문이다.** 6개월간·한 번도 병문안 와보지 않은 건 사랑하지 않는다는 소리다.
~~~~~

The Grammer of Success 07

우리는 불멸의 존재가 아니다

어떻게 생각할지 몰라도, 지겨워서 죽는 경우는 없다. 어리석어서 죽는 경우는 많다. 지금 여러분은 인생에서 가장 위험한 시기를 지내고 있다. 적어도 폐경기나 갱년기를 겪기 전까지는 말이다. 그때는 애리조나로 달려가 행글라이딩을 해보고 싶어질 수도 있다.

나는 지난 40년간 자기들은 절대 죽지 않을 거라 생각하면서 데킬라를 마셔대며 과속으로 차를 모는 어리석은 짓을 해도 어떻게 해서든 살아남는 젊은이들을 보며 놀라곤 했다. 위험한 행동이라 완곡하게 불리고 있지만 사실상 생명을 위협하는 행동들 대부분이 마약, 음주, 섹스, 자동차와 관련되어 있다.

"우리 전부를 합치면 우리보다 똑똑한 사람은 없다."라는 말을 들어

봤을 것이다. 그러나 운전하는 젊은이만큼 멍청하고, 부주의하며, 무책임한 사람도 없다고 바꿔 말해야 한다. 운전대를 잡는 순간, 이들의 아이큐와 상식은 현저하게 떨어진다. 그리고 친구가 모는 차를 탈 때야말로 친구 선택을 잘해야 하는 이유를 알려 주는 때다.

만일 인생을 후딱 살고 젊어서 죽거나, 아름다운 시체를 남기는 것이 낭만적이라고 생각한다면, 당신은 그렇게 남겨진 시체를 한 번도 본 적이 없는 것임에 틀림없다.

"영광의 불꽃 속으로 뛰어들자."라는 말을 떠올리는 사람은 불에 탄 시체를 본 적이 없거나, 자동차 사고 후 시체 운반용 부대에 넣어지는 시체를 본 적이 없을 것이다. 치아로 겨우 신원이 확인 되는 건, 낭만과 거리가 멀다.

그걸 모르는 사람이 누가 있겠냐고 말하고 싶은가?

작년 위스콘신의 한 시골마을에서 십대들이그들 중 둘은 열여섯 살이었다 공원에 앉아 맥주를 마시다 갑자기 차를 몰고 고속도로로 진입했고, 그 결과 다섯 명의 사상자가 생겼다. 본인들은 물론 집에 가던 노부부까지 사망했다.

이 교통사고 자체만으로 충분히 충격적이었지만, 그 이후에 일어난 사건으로 마을은 큰 충격에 휩싸였다.

죽은 십대들의 친구들이 그 비극적인 사고를 애도하기 위해 사고 현장으로 갔다. 그것도 술을 마시면서 말이다. 애도를 표한답시고 파란색 리본이 그려진 맥주캔을 현장에 남겨뒀다. 그 맥주캔에 '곧 만나자

마이크, 너의 친구 톰'이라고 쓰여 있었다. 또 다른 캔에는 '널 위한 거야'라고 쓰여 있었다.

근처에 한 보드지에 이렇게 쓰여 있었다.

'열심히 살라. 열심히 즐겨라. 죽도록 마셔라.'

～～～～～

다른 사람의 목숨까지 빼앗을지 몰라도 신경 쓰지 말라는 소리로 들린다고 〈밀워키 저널 센티넬〉의 논평가인 마이크 니콜스가 비판했다.

사고 당시 운전했던 열여섯 살짜리 소년의 혈중 알코올 수치는 법정 수치를 두 배나 넘었다. 게다가 합법적으로 술을 마실 나이도 아니었다. 이 사고로 다섯 가족들은 큰 슬픔에 잠겼다. 아버지, 어머니, 형제자매, 자녀, 손녀, 삼촌, 이모, 사촌들.

다섯 번의 장례식이 열렸고 파티는 없었다.

이래서 여러분 부모님이 그토록 걱정하고 잔소리하신다. 부모는 자녀가 청소년기를 무사히 지나게 하는 것이 가장 큰일이라는 것을 안다. 그 과정이 절대 녹록치 않다는 것도 이미 안다. 십 년 넘게 버블랩에 꽁꽁 싸여서 과잉보호를 받으며 자랐던 아이들이, 이제는 안전하지만 지루한 상태에 반항하는 게 현실이다.

피구 경기가 인생 최대의 도전이었던 세대가 익스트림 스포츠나 인간 한계를 뛰어넘는 위험천만한 모험에 매료됐다. 아마 버블랩에 싸인 채 평생 살다 보니, 자신은 절대 다치지 않을 거라 생각하나 보다. 그러나 현실은 절대 그렇지 않다.

운전대를 잡을 때 다른 운전자들을 멍청이로 여기고 미친 듯이 질주하는 짓은 절대 금물이다.

여러분이 운전하고 있는 도로에는 화장을 하고, 코를 후비고, 이빨을 쑤시고, 휴대전화나 노트북을 사용하고, 섹시하게 옷을 입은 여자를 흘끗거리며 운전하는 사람들이 있다. 내가 열일곱 살 때 겪었던 가장 큰 사고는 옆에 앉은 여자친구를 신경 쓰다가 일어났다. 이 점을 꼭 명심하고 운전하라.

아무리 어려도 사고를 내면 그에 합당한 책임을 져야 한다는 점을 잊지 마라. 차를 긁거나 추돌사고를 내고, 핑계를 대거나 다른 사람 탓을 하고 싶어도 그 유혹을 과감히 버려라. 아니면 부모님이 차를 압수하고 보험을 취소해도 여러분은 할 말이 없다. 부모님은 여러분을 영안실에서 보길 바라지 않으신다.

The Grammer of Success 08

햄버거를 뒤집는 일은 부끄러운 직업이 아니다

햄버거를 뒤집는 일은 '부끄러운 직업'이 아니다. 우리의 할아버지와 부모님 세대는 그것을 '기회'라고 불렀다. 그들은 최저 임금을 받는 일도 부끄럽게 여기지 않았다. 그들이 부끄럽게 여긴 것은 주말 내내 퍼질러 앉아 쓸데없는 농지거리나 하는 것이었다.

일은 소중하다. 독립을 의미하기 때문이다. 식비, 방세, 옷값, 자동차 유지비, 기름값, 보험료, 학교 등록금을 스스로 지불해야 독립했다고 할 수 있다. 독립하고 싶으면 일해야 한다. 몸이 더러워지거나 냄새를 풍기더라도 일을 해야 한다. 그런 일을 한다고 품위가 떨어지지 않는다. 게으름뱅이로 지내는 게 더 품위 없는 일이다.

우리는 기회가 많고 수입도 유동적인 국가에서 산다. 바닥에서 시작한다고 계속 바닥에만 머물러 있으라는 법은 없다. 시작하는 것이 중요하다. 친구들은 벌써 고객을 상대하는 경험을 하는데, 여러분은 빈둥거리며 침대에 누워 노래만 듣고 있는가? 일을 해라!

직업 세계에 첫발을 내딛고, 그 일을 잘 해내는 데도 제자리에 머물러 있을 리 없다. 수입이 하위 20%에 속하던 사람들 대다수가 시간이 지나자 수입이 늘었다.

댈러스 연방중앙은행이 1995년 발표한 보고서에 따르면, 1975년 수입이 하위 20%에 속했던 근로자 중 4분의 3의 수입이 1991년 조사 결과 늘어났다. 2000년 경제연구센터는 1969년 최저임금을 받던 사람들 중 60%의 수입이 증가했다고 발표했고, 수입의 유동성을 다시 한 번 확인됐다.

어떻게 그런 결과를 얻었을까?

그 사람들은 열심히 일했다. 일하면서 배우는 기술, 태도, 습관 덕분에 경제 사다리를 올라갔다. 이들 중 많은 수가 패스트푸드점에서 햄버거 만드는 일을 첫 번째 직업으로 경험했다.

한 조사 결과에 따르면 패스트푸드점에서 일하면서 다른 직업에 필요한 기본 기술을 배운다고 한다. 요즘 기업들이 사회 초년병들에게 부족하다고 불평하는 바로 그 기본 기술 말이다.

정시에 출근하기, 실수에 대해 책임지기, 다른 사람들과 어울리기, 지시에 따르기, 옷차림 단정히 하기, 규칙적으로 일하기 등의 중요성을 패스트푸드점에서 일하면서 배운다는 소리다. 그리고 패스트푸드점에서 일한 사람들 중 94%가 팀워크를 배웠다. 89%가 고객을 상대하는 법을 배웠다. 69%가 사업이 어떻게 굴러가는지 알게 됐다.

밴 위다브스키가 쓴 글을 인용해 보자.

> 햄버거를 만들던 이들 중 상당수는 지위가 높아졌으며, 까다로운 비즈니스에서 책임을 다하면서 그에 따른 이익을 즐겼다. 중요한 건 맥도날드에서 배운 기술이 더 나은 직업을 얻게 해준다는 점이다.
>
> 맥도날드는 일하는 자세에 관한 기본 원칙을 가르치기 때문에, 직업 트레이닝 프로그램 기능도 해주는 셈이다.

~~~~~

하버드 대학 교수인 캐서린 뉴만은 《내 일에 창피함은 없다》에서 패스트푸드점이 제공한 일자리가 미국 할렘가 사람들의 삶과 태도에 긍정적인 영향을 끼쳤다고 설명했다.

특히 할렘가의 젊은이들이 패스트푸드 레스토랑에서 일하면서 당당하게 살고자 하는 동료들을 만나 집단을 이루었다. 뉴만은 '버거 반'이라는 패스트푸드점에서 4년간 일한 한 여학생이 친구들이 우습게 여기는 자신의 직업에 대해 옹호하면서 한 말을 소개했다.

"전 단순히 햄버거 패티만 뒤집는 게 아니에요. 사업의 시스템을 배웠고, 큰 기업이 돌아가는 흐름도 알게 됐어요. 현금을 관리하면서 레
~~~~~

스토랑 경영법을 배웠고 음식, 직원, 서비스의 속성을 알게 됐죠."

뉴만은 말한다.

"매니저들은 직원들에게 알려 주려고 애쓴다. 그들이 자존감을 지켜 주는 선을 건넜고, 이는 일하지 않는 다른 아이들과 그들을 구별해 주는 지점이 되었다는 걸 말이다."

햄버거 만드는 일을 아무런 장래도 없는 일이라 조롱하는 게 유행이 되었지만, 와튼 비즈니스 스쿨의 허버트 노섭은 이렇게 말한다.

> 직업 훈련이 필요하다고 주장하는 사람들은 패스트푸드점에서 일하는 것을 의미 없는 일이라 비난하는 학자, 저널리스트, 정부 관료들이다. 그러나 이들이 조롱하는 햄버거 만드는 일이야말로 역사상 가장 거대하고, 비용면에서 효율적이며, 인종적으로 차별이 없는 직업 훈련임을 알지 못하는 건 참 안타까운 일이다.

나는 밤에만 꿈꾸는 게 아니라
하루 종일 꿈을 꾼다.
나는 생계를 위해 꿈을 꾼다.
_ 스티븐 스필버그

The Grammer of Success 09

진짜 창피한 것은 따로 있다

정말 창피한 건 감사할 줄 모르고, 무례하고, 잘 토라지는 것이다.

나라를 막론하고 젊은이들은 잘 삐친다. 인류 역사상 뿌루퉁하게 골난 사람을 보며 "나도 쟤처럼 되고 싶어."라고 말한 사람은 아무도 없었는데 말이다.

예의 바르게 굴고 친절하게 서비스를 제공하면 자기 품위를 떨어뜨린다고 생각하는 패스트푸드 레스토랑 직원이라면, 손님에게 퉁명스럽고 무례하게 굴면서 골난 듯 행동할 것이다. 그렇게 해야 자기 존엄성이 지켜지고, 나아가 혹사당하고 상처 입은 자부심을 회복한다고 생각할지 모른다.

그러나 사실은 그렇지 않다. 입을 헤벌레 벌리고 다니면서 게으름뱅이처럼 행동한다고 품위가 지켜지는 건 절대 아니다. 얼굴을 찡그리고 다니며 스스로가 가엾어 어쩔 수 없다는 듯한 태도를 보인다고 에이브릴 라빈캐나다 출신의 유명가수처럼 보이지 않는다.

진부해 보일 뿐이다.

~~~~~

창피스러운 일을 당한다 해도 그것이 최악은 아니라는 점을 알아야 한다. **오히려 창피를 당하지 않겠다며 친구나 가족 혹은 아는 사람들에게 했던 행동이 더 나쁠 때가 있다.**

친구를 배신하고, 잔인하거나 무책임한 아이와 어울리거나, 할머니와 같이 다니는 걸 숨기려 한 행동들은 부끄러운 일이다. 그리고 이런 행동들은 성인이 되어 돌이켜 보면, 피하고자 했던 어떤 창피한 일보다 훨씬 더 부끄러움을 줄 뿐만 아니라, 스스로가 수치심을 느낄 것이다.
~~~~~

일상의 모습이

바로 여러분 자신이다.

아주 간단하다.

더 좋아지든지, 더 나빠지든지,

아니면 그대로 있든지 말이다.

이 모든 것이

여러분 일상에 달려 있다.

일상을 바꾸기 전에는

삶을 변화시킬 수 없다.

성공의 비밀은 자기 일상에 있다.

_ 존 C. 맥스웰

The Grammer of Success 10

인생은 학기로 쪼개져 있지 않고 방학도 없다

인생은 학기로 쪼개져 있지 않고 방학도 없다. 회사는 당신이 매일 출근해 8시간 동안 일하기를 기대한다. 학기처럼 몇 주가 지나면 한 시즌이 끝나고 새로운 출발~ 이런 거 없다. 그저 계속될 뿐이다.

밥벌이를 위한 일들은 '자아실현' 따위와는 아무런 관계가 없다. 당신 부모님 세대들의 10~20대에는 '자아실현' 그런 게 있는지도 몰랐다. 30~40대에는 알긴 알았지만 너무 바빠서 신경 쓸 겨를이 없었다. 50~60대가 되고부터는 인생이 더 이상 새로워질 게 없고, 오늘 같은 내일을 또 산다는 걸 알아 버렸다.

이 사실에 놀랄지도 모르겠다. 내가 처음 기자로 일할 때 한 친구를 만났다. 그의 나이는 20대 초반이었고, 어느 날 내게 와 전날 저녁 자신이 깨달은 것을 이야기해 줬다.

"앨범을 치우다가 갑자기 깨달았어요. 이게 내 삶이구나. 내 인생을 살고 있구나. 그런데 아무런 준비가 되어 있지 않구나. **학교에서 배우지 못한 삶에 대한 공부를, 이제 진짜 시작해야 하는구나. 삶은 현실이라는 걸요."**

그의 말이 맞다. 학기별로 변화를 겪는 것을 당연하게 여기기 쉽다. 12년 이상얼마나 빨리 유치원에 들어갔는지에 따라 다르겠지만 삶은 매 학기가 끝날 때마다 변했다.

학기마다 끝은 확실했다. 학기 말마다 평가를 받았다. 학년이 새로 시작되면 새로운 선생님과 친구들을 만났고, 새로운 걸 했다.

~~~~~

그러나 어른의 삶은 그렇지 못하다. 몇 주나 몇 달이 아니라, 몇 년간 혹은 수십 년간 한 일을 평가받는다. 획기적인 사건도 결승선도 없다. '스트레스 감소'를 위해 칭찬 배지를 달아 주지도 않는다.

아직 잘 모르겠다면젊은 세대에게는 미스터리에 가깝다 쉽게 설명하겠다. 일주일에 최소 5일간 매일 아홉 시에 출근해야 한다는 말이다. 드라마 재방송을 보거나 콘서트에 가느라 새벽 네 시까지 못 잤다고, 그날 휴가를 낼 수 없다는 소리다.

매일 정시에 출근하는 것은 일 년에 50주 동안 계속된다. 학교 다닐
~~~~~

때와 비교하면 상당히 업그레이드됐다. 6월, 7월, 8월에도 일해야 한다. 크리스마스 다음 날 일하게 될지도 모른다.

맡은 일이 재미있을 수도 재미없을 수도 있다. 회사는 우리가 그 일을 즐기는지 여부에 관심 없다. 그래서 일이라고 부르는 것이다. 좀 더 흥미로운 일을 찾고 싶으면 스스로를 업그레이드시켜야 한다.

버티는 인생만 살다보면,
자신이 뭐가 하고 싶어
이곳에 있는지
점점 알 수 없어진다.

아무튼 살아보자고,
그것만으로 족하다 생각하며
지금까지 살아왔는데,

때로 이렇게 사는 것은
느린 자살과
별반 다를 게 없다는
느낌이 들곤 했다.

_ 요시모토 바나나

Tips 벤 벤슨 돈의 문법

돈은 행복을 추구할 수 있는 자유를 준다!

행복은 재정적 스트레스에서 벗어난 자유로움으로 이루어진다. 다른 사람을 배려할 수 있는 여유, 가족에게 훌륭한 교육 여건을 제공할 수 있는 능력, 자신의 운명을 선택할 수 있는 기회와 자유를 부여한다. 생계를 이어 가려고 매일매일 원하지 않는 일을 해야 하는 형편에서 꿈과 야망을 추구하기란 어려운 일이다.

한 가지 확실한 점은 돈의 결핍이 인간을 행복하게 만들진 않는다는 점이다.

가난하다는 것은 결코 유쾌한 일이 아니다. 하루하루 생계를 유지하기 위해 고군분투하는 일상에는 스트레스와 고뇌가 쌓일 뿐이다. 가난하거나 돈이 없는 삶에서 위안을 찾기란 쉽지 않은 법이다. 돈이 없을수록 돈에 대해 더 많이 생각하게 될 것이다.

하지만 돈만으로 인생의 성취를 보장할 수는 없다. 돈으로 집을 살 수는 있지만 가정을 얻을 수는 없는 것과 같은 이치다. 그러나 돈이 결핍된 상태는 전방위적으로 삶 속으로 파고들어 심신을 악화시키는 스트레스를 동반할 것이다.

돈이 행복을 보장해 주지 않는다면 돈의 결핍은 그보다 더 악화된 상황을 만들 수 있다.

돈으로 반드시 행복을 살 수 있는 것은 아니지만, 선택 가능성을 제공하고 합리적인 선택 여하에 따라 행복을 얻도록 도와준다. 재정적으로 독립된 삶을 추구하는 것이야말로 충만하고 유쾌한 인생을 살아가기 위한 필수 요소다.

The Grammer of Success 11

눈을 마주보고, 그 사람의 말을 경청하라

당신이 버릇없는 사람이 아니라는 걸 보여주고 싶다면, 사람을 마주할 때 꼭 눈을 보며 미소를 지어라.

1694년에서 1773년까지 살았던, 사리분별이 확실하고 빈틈이 없는 영국 귀족 체스터필드 경이 아들과 손자에게 쓴 편지는 널리 알려져 있다. 이 편지에서 그는 예의범절과 도덕성을 이야기하면서 세상을 살아갈 방법을 조언해 줬다.

아래 인용문은 그 편지들 중 일부다. 이백 년도 전에 쓰인 편지지만 여기 소개된 버릇없는 행동을 읽다 보면, 나 같은 사람들은 여전히 화가 난다.

네가 이야기하고 있는데 널 보지도 않고 이야기에 집중하지 않으면서, 천장이나 다른 곳을 쳐다보거나, 창밖을 바라보거나, 개와 놀아 주거나, 자기 코를 만지작거리거나, 심지어 코를 파는 사람도 있단다.

불쾌할 정도로 예의 없는 이런 자들은 아무 쓸모없고 어리석은 사람이란다.

이것보다 더 심한 행동도 있다. 상대방을 만나자마자 바로 화나게 하고 싶으면, 처음 만나 인사할 때 눈을 마주치지 않고 다른 곳으로 시선을 두면 된다. 악수를 하면서 방안을 둘러보거나, 상대방보다 더 중요하거나 흥미로운 사람이 있는지 살피는 사람들이 있다.

이런 사람이 보내는 메시지는 간단명료하다. **당신 따위에게 신경 쓰고 싶지 않다는 것이다.**

그런데 이런 태도가 요즘 젊은 세대의 상징이 된 듯 보인다. 장 트웬지는 여러 가지 조사 내용을 인용하면서 요즘 젊은이들이 어른에게 좋은 인상을 주거나, 예의범절을 지키는 데 과거 세대에 비해 관심이 없다고 결론 내렸다.

MIT 심리학자이자 사회학자인 셰리 터클은 〈USA 투데이〉와의 인터뷰에서 말했다.

“오늘날 젊은이들은 사회적 예의범절이나 주변 사람에 대해 관심을 두지 않고 가상현실 속 사람들에게 집중한다.”

~~~~~

체스터필드 경이 상처가 모욕감보다 빨리 잊힌다고 아들에게 경고한 것은 주변 사람들을 무시하거나 외면하지 말라는 의미였다.

당연한 규칙 하나를 소개하겠다. 여러분이 속한 무리 중 자기가 가장 똑똑할 확률은 매우 낮다. 따라서 다른 사람을 무시하지 마라.

이백 년 전 체스터필드 경이 아들에게 했던 경고였다.

> **친구를 재미있게 해주려고, 혹은 너의 우월성을 자랑하려고, 다른 사람의 약점과 결점을 폭로하지 마라.**
>
> 지금 네 옆에 있는 사람을 웃기는 데 성공한다 해도, 네가 비난한 사람은 평생 네 적이 될 것이다. 그리고 너와 함께 웃던 사람도 나중에 자신도 그런 일을 당할까 두려워하다, 결국 널 멀리할 것이다.

자기 얘기를 하는 건 자신에겐 세상에서 가장 매력적인 일이지만, 다른 사람들에겐 가장 지루한 일이다.

듣는 법을 배워라. 다른 사람 말에 귀기울이고 존경심을 갖고 대하라. 그러면 몇 가지 이득을 얻을 것이다. 다른 사람들 이야기는 여러분 생각보다 흥미롭다. 여러분보다 오래 살면서 많은 경험을 한 사람들의 이야기가, 여러분 이야기보다 훨씬 더 흥미롭다.
~~~~~

The Grammer of Success 12

성공을 만든 9할은 좌절과 실패다

현실 세상은 학교처럼 당신의 자존심을 챙겨 주지 않는다. 사회는 당신에게 자존심보다는 성과를 내놓기를 요구한다. 흔히 지나친 자존심이 현실과 부딪칠 때, 젊은이들은 "불공평하다."라고 불평한다.

언제일지 몰라도 우리는 성공해야 한다. 최선을 다해 노력하는 것만으로는 부족하다. 성공 여부는 준비와 능력과 자신감에 달려 있다.

학교라는 세계는 우리가 실패해도 안아 주면서 괜찮다고 다독여줬다. 그러나 학교를 졸업하고 나서 뛰어든 사회에서 실패하면 "자네, 해고야." "월급에서 깎겠네." "자넨 끝이야."라며 협박한다. 부모가 언제까지나 우리 곁에 있어 주지 않으며, 학창 시절 자부심을 북돋아 주던 선생님도 더 이상 곁에 없다.

오늘날 수많은 교육학자, 치료사, 카운슬러들에게 '자부심'이라는 단어는 종교 행사에서 기도할 때 외우는 주문 이상이 되었다. 그들에게 자부심은 젊은이들이 스스로를 자랑스러워하는지 확인시켜 주는 체계적인 원칙을 넘어서, 병적인 집착의 대상이 된 것이다.

심리학 교수 로이 F. 바우마이스터에 따르면 오늘날 젊은이들은 비현실적인 희망, 말도 안 되는 자기주장, 밑도 끝도 없는 자기만족 속에서 자란다.

학교에는 무의미한 우등상과 참가상이 난무하고, 성적은 부풀려지며, 별것 아닌 숙제를 해와도 잘했다고 칭찬해 주는 선생님들로 가득하다. **이 세계는 많은 것을 요구하지 않고, 기대치를 높게 두지 않으면, 젊은이들이 스스로에게 실망할 일도 없다고 생각한다.**

우리 사회는 젊은이들이 삶의 고난, 문제, 실패, 좌절, 그리고 승리를 겪도록 준비시키는 대신 버블랩으로 감싸 주느라 정신없다.

하라 에스트로프 마라노는 〈사이콜로지 투데이〉에 '겁쟁이들의 나라'라는 칼럼을 썼다.

"해가 될 만한 것들이 모조리 제거되고, 무릎이 까질 일도 없어지고, 역사 과목에서 C를 받을 리 없어졌다."

자부심 전문가들이 보기에 아이들이 운동장에서 놀면서 더러워지는 건 용납되지 않는 옛날이야기일 뿐이다.

그러나 실수와 실험 정신이 성공을 만든다. 우리 사회는 이 공식에서 실패를 빼려고 노력한다. 그러한 사회에서 빨간색 펜을 위협적인 존재로 생각하는 이유를 알 만하다.

한 교육자는 말한다.

"빨간색은 가장 공격적인 색으로 싸움을 일으키거나 도망치게 한다. 빨간색은 피와 불의 색이기 때문에, 빨간색을 보면 위험하다는 경고음이 머릿속에 울린다."

빨간색의 목적은 물론 경고다. 빨간색은 주의를 집중시키면서 잘못된 점을 지적해 준다.

한때 학교에서 빨간색 펜이 아닌 좀 더 친근하고, 덜 위협적인 색으로 과제물을 채점하자는 운동이 일어났다. 어떤 교사는 빨간색의 이미지 때문에 학생들이 기분 나빠 한다고 말했다. 그래서 보라색이 등장했다. 이들의 이론에 따르면 보라색 펜은 학생들의 기분을 상하게 하지 않으면서 잘못을 지적해 준다.

"주의를 받아도 자신을 실패한 사람이라 생각하지 않기를 바란다. 보라색은 위협하지 않으면서 주의를 줄 수 있다."

맞춤법은 틀렸지만 괜찮다고 말하며 토닥거려 주는 느낌이랄까.

그러나 빨간색 펜 금지운동을 벌인 사람들은 보라색이 틀린 것을 지적하는 색이 되면, 보라색 또한 자부심을 해치는 색이 된다는 사실까지는 생각하지 못했다. 펜이 무슨 색이냐의 문제가 아니라는 소리다.

위스콘신주 매디슨의 한 교사는 빨간색 펜 사용에 반대하며 말했다.

"과제물이 틀렸어도 지적하지 말자는 움직임도 있어요. 글쓰기는 사적인 행위니까요. 어떤 식으로든 학생의 기분을 상하게 하고 싶지 않아요.”

뜻이 통하지 않고, 문법도 다 틀렸다고 빨간색 펜으로 지적하면, 학생들은 끔찍한 정신적 충격을 겪을 거라는 말이다.

~~~~~

사회에 나가 문장을 제대로 쓰지 못해 회사에서 잘리는 것보다 학교에서 빨간색 펜으로 지적받는 게 더 심각한 문제라고 생각하는 사람들이라면, 빨간색 펜을 없애자는 운동을 벌이는 것도 당연하다.

이런 식이라면 판사들이 검은색 판사복을 입고 범죄자들에게 형량을 선고하는 것이 너무 부정적이라는 주장이 나올지도 모른다. “피고에게 20년 형을 선고하지만 보라색 판사복을 입은 제 마음을 이해해 주기 바랍니다.”라고 말하는 판사가 나오지 않을까.

경고 하나 하겠다. **재판 관련 서류, 사업상 편지, 혹은 기업보고서를 잘못 써서 해고당할 때 받는 해고통지서 위에는 “참 잘했어요.”라고 말하며 웃고 있는 보라색 공룡 도장이 찍혀 있지 않을 것이다.**

자부심을 심어 주려는 운동은 한 가지 중요한 사실을 간과하고 있다. 자부심은 기술을 습득할 때 얻을 수 있다. 자신의 수영 실력에 만족하는 게 나을까, 아니면 정말로 수영하는 법을 아는 것이 나을까.

캐나다 적십자에서 개설한 한 수영 프로그램은 수영에 대한 열정적이고 확대된 관점을 취한다는 점을 강조하고 있다.
~~~~~

"신체 능력의 발전 속도는 개인마다 다르기 때문에, 이번 프로그램은 실력 향상보다 성공을 거두는 데 집중할 것입니다."

이 말을 들은 어느 부모의 머릿속에 경고음이 울렸다.

> 실례지만 성공에만 집중하고 노력이 필요한 부족한 부분을 그냥 놔두면, 제 아이들의 수영 실력이 어떻게 늘어나죠?
>
> "우리는 헤엄치는 걸 가르치지 않을 거야. 대신 지난주에 얼굴을 물속에 넣고, 숨을 참을 수 있었으니 축하하자구나."라는 식이잖아요.
>
> 수영을 배울려고 등록했는데 적십자 측은 아이들의 자부심을 심어 주는 데만 관심이 있어 보이네요. 그런데 잘 모르시나본데요, 자신감이란 **(자신감은 내부에서 나오는 것이며 자부심은 밖에서 심어 준 것이죠)** 어떤 영역에서건 눈에 띌 만한 성장을 보였을 때 생긴답니다. 그것도 스스로 말이죠! 한 바퀴 돌 때마다 주는 상이나 스티커는 전혀 필요 없답니다!

사실 자부심에 이토록 집착하는 건 인간 행동을 깊이 있게 연구하지 않았기 때문이다. 만병통치약이나 가짜 달 화석을 사들이는 사람들이 지나가는 유행으로 받아들인 어리석은 개념일 뿐이다. 이 개념은 어떤 연구나 실험으로도 증명되지 않았다.

네 명의 학자들이 '자부심 신화 폭파시키기'라는 제목의 글을 〈사이언티픽 아메리카〉에 실으면서 이 개념의 정체를 폭로했다. 모두가 자부심을 갖게 하는 데만 심취해 있다는 것이다. 정작 자부심이 있어도 학문적으로 성공한다거나, 중요한 기능 장애를 고친다거나, 나쁜 행동을 막는 결과를 만들지는 못했다.

미국 기업연구소의 상임연구원이자, 심리학 박사인 크리스티나 호프 소머스와 예일 대학교 의과 대학의 샐리 사텔 박사는 이렇게 지적했다.

"상점털이, 도둑, 심지어 살인자까지도 옥스퍼드 대학의 로즈 장학생이나 명예훈장 수상자들 못지않은 자부심을 지녔다."

정서적으로 안정적이며 자기반성적인 세대로 기르자는 취지의 자부심 심어 주기 운동 덕분에, 자기만족만 추구하는 나르시시스트 세대가 나타났다. 이 세대는 일상생활 속에서 누구나 겪는 좌절에 대처하는 법을 모른다.

'나는 이래서 날 사랑해'라고 생각해 온 이기적인 이 세대들은 자신의 능력이나 가치를 부풀려 생각하다가, 어려운 상황이 닥쳐오면 어찌할 바를 모른다. 흥미로운 점은 이른바 자부심 전문가라는 사람들이, 이런 문제를 제대로 파악하지 못했다는 것이다.

스스로를 너무 높게 평가하는 사람들은 다른 이들을 멀리하는 경향이 있다는 연구 결과가 있다. 아마 이 전문가들도 거드름 피우는 멍청이들이 아닐까 싶다.

우리가 잘못 알고 있는 것이

하나 있다.

우리는 항상 완벽을 추구한다.

하지만 가장 본받아야 할 인생은

한 번도 실패하지 않은 것이 아니라

실패할 때마다 조용히,

그러나 힘차게 일어서는 것이다.

아무리 힘든 일이라도

해결책은 있기 마련이다.

그림자가 있는 곳에는

반드시 밝은 빛이 비친다.

_ 레프 니콜라예비치 톨스토이

The Grammer of Success 13

텔레비전은 현실이 아니다

당신의 인생은 모든 문제가 30분 안에 다 풀리는 시트콤이 아니다. 현실에서 사람들은 커피를 마시고 얼른 일터로 돌아가야 한다. 당신의 동료는 시트콤 주인공들처럼 여기저기 나서거나 고분고분하지는 않다. 물론 여러분은 이미 그 사실을 알고 있을 것이다.

그렇지 않은가? 알고 있다면 왜 여러분은 텔레비전에 나온 사람들처럼 옷을 입고, 그들이 사용하는 물건을 사고, 그들 쇼에 대해 그토록 많이 이야기하는가?

텔레비전 속 모습이 진짜가 아니라는 걸 알아도 그것이 현실보다 개선된 버전이라 속고 있어서인지도 모른다.

영화에서 선은 악을 항상 이기고, 우주의 정의가 실현된다. 악당들은 감옥에 가거나 흠씬 두들겨 맞으며, 혹은 보는 이들이 만족할 만하게 극적으로 죽는다. 로맨스는 문제없이 잘 풀린다. 온갖 난관을 극복한 남자는 여자를 얻는다. 드라마가 펼쳐지는 시간 동안 어떤 장애도 이 둘을 떼어놓지 못한다는 것을 안다.

건방진 사람들은 당연히 받아야 할 벌을 받는다. 소똥을 한가득 뒤집어쓰기도 한다. 아버지와 아들은 감동적인 화해를 한다. 거짓말은 만천하에 드러난다. 스포츠 이야기인 경우 항상 승리로 끝나거나 눈물을 흘리게 만드는 도덕적 승리로 감동적으로 끝을 맺는다. 일은 잘 풀리고 분쟁은 해결되며, 다음 에피소드는 항상 새롭게 시작한다. 이전 사건 때문에 생긴 후유증도 없다.

현실과 텔레비전의 차이점은 또 있다. 텔레비전에서는 책을 읽거나 아무 계획 없이 그럭저럭 평범하게 사는 사람들이 보이지 않는다. 여드름이 심하게 나거나 보기 흉한 사마귀를 가진 사람도 없다. 두 턱을 가진 영웅은 없으며, 주인공의 연인은 주인공을 자유자재로 다룬다.

모든 사람의 치아는 보기 좋고, 코털이 나온 사람도 없다. 물론 장엄하고 극적인 죽음을 맞이하는 악당이나 소똥을 뒤집어쓰는 나쁜 놈은 사정이 다르지만 말이다.

만약 끊임없이 재치 있는 농담을 알려 줄 극작가, 보기 흉한 살을 없애줄 개인 트레이너, 지방 제거술과 다리 제모술을 위한 돈, 완벽한 피부를 만들어줄 메이크업 아티스트, 어리석은 모습을 편집해 줄 편집자들, 제때에 알맞은 말을 할 수 있게 도와주는 텔레비전용 프롬프터, 실수를 저질렀을 때로 다시 돌아가거나 실수를 만회할 기회를 다시 줄 DVR, 그리고 에피소드마다 여러분의 모든 문제가 해결될 것이라고 확신을 주는 감독이 곁에 있다면 여러분 삶은 텔레비전 속 삶과 같아질 수 있다.

~~~~~

텔레비전 속 삶과 비교해 자신의 반복되는 일상은 극적인 면, 흥미진진함의 정도, 공동 주연의 퀄리티 등에서 기대에 부합하지 못한다고 생각할 수 있다. 좀 더 나은 경험을 할 권리가 있다는 생각에 빠져 있다면, 자신의 삶이 실망스럽다거나 불공평하다고 느껴질 수도 있다.

작가인 랜스 버리는 다음과 같이 말했다.

> '하루를 시작하고, 일상적으로 반복되는 일을 한 뒤, 잠자리에 든다. 그렇게 새로울 게 없이 하루가 시작됐다가 끝난다. 그리고 또 오늘 같은 내일을 살 것이다.'
> 이는 당신 인생의 모습일지는 몰라도 내 인생은 아니다. 내 삶은 흥미진진해야 하니까. 이런 생각은 대중문화 덕분에 생겨난다. 영화 속에서 삶은 지루하지 않다. 영화 속 인생은 항상 깔끔하고 정돈되어 있다. 너무 완벽하고 두세 시간 만에 끝난다.
~~~~~

언제인지 정확히는 모르지만 어느 순간, 나는 삶이 영화 같지 않다는 것을 알았다. 문제는 깔끔하게 해결되지 않는다. 문제 하나를 해결하면 또 다른 문제가 그 자리를 대신한다. 어떨 땐 한 문제가 해결될 때까지 기다려 주지 않는 경우도 있다.

하기 싫어도 해야 하는 일이 있으니, 친구들과 커피숍에서 노상 놀면서 지낼 수 없다. 여자친구를 바꾸고 나면 항상 후회한다. 매일 펼쳐졌던 새롭고 신나는 일도 없다.

생활비를 벌고, 청소를 하고, 두통을 다스리고, 아이들이 단 5분 만이라도 싸우지 않길 소원하는 게 인생이다.

어느 순간 한발자국 물러서서, 보다 넓은 시야로 삶을 바라보는 법을 배웠다. 그리고 이런 시야를 통해 보니 **삶을 가치 있게 하는 건 결국 자그마하고 성가신 일들, 문제들, 다툼, 걱정이었다. 삶은 흥미진진하지 않고 일상의 반복일 뿐이다.** 어렸을 적의 나라면 결코 이해하지 못했겠지만, 지금의 나는 이런 삶을 사랑한다.

자포자기해서 그런 것이 아니다. 그냥 만성이 된 것도 아니다. 저녁 산책을 할 때, 저녁 식사를 할 때 상당한 만족감을 느낀다는 것을 깨달았다. 누가 생각이나 했겠는가? 이러한 깨달음에 나는 가장 감사한다.

다시 말하자면 그렇게 나쁘지는 않다는 말이다.

당신의 이상적인 삶에 대해

꿈꾸고 상상하라.

어떤 모습, 어떤 느낌일지

그러고 나서

그것을 현실로 만드는 데

도움이 되는 무언가를 실행하라.

_ 브라이언 트레이시

The Grammer of Success 14

인터넷에서 빠져나와, 진짜 세상을 만나라

메신저에 접속하고 첨단 기술을 자랑하는 장비들을 가지고 있어도, 정작 주위에서 무슨 일이 일어나는지 모르는 경우가 많다.

부모님의 삶이 어떤지 아는가? 오늘 하루 부모님이 무슨 일을 했는지 짐작이 가는가? 다른 가족들은 뭘 했는지 알고 있나?

주변의 시끄러운 소음이 다 사라진 후 생기는 갑작스런 공허함이 진짜 여러분의 모습일지 모른다.

하루 24시간 매일 현대 매체들은 가상의 삶을 우리 머릿속에 심어준다. 가상의 삶은 말 그대로 가짜라는 걸 명심해야 한다. 우리는 현대 기술의 거대한 파도에 휩쓸려, 가짜 감정과 억지로 만들어진 드라마가 판을 치는 세계에서 살고 있다.

한 번에 수많은 일을 해낼 수 있는 여러분이기에 숙제하면서 음악을 듣고, 메신저에서 대화를 나누고, 구글에서 자료를 검색한다. 그러나 자극이나 소음은 인간다움과 거리가 멀다. 때때로 디지털 소음 사이에서 사람이 하는 말이 BGM으로 취급되기도 한다.

20~30년 전 전문가들은 어린이 뇌 성장에 텔레비전이 미치는 영향을 경고했다. 카이저 패밀리 연구소의 설문조사에 따르면 '디지털 매체로 포화 상태인 세계 속에서, 아이들은 하루에 평균 6.5시간씩 다양한 매체를 이용한다'고 보고했다.

그러나 6.5시간 중 두세 시간 이상은 하나 이상의 매체를 아이들이 이용한다는 점을 고려하면, 매체 노출 정도는 더 심하다 할 수 있다. 8.5시간 동안 얻을 수 있을 정보량을 실제 매체에 접속한 6.5시간 동안 머릿속에 밀어 넣고 있다는 소리다.

매체에 노출되는 8.5시간과 과도한 부담감을 느끼며 아이들이 숙제하는 데 보내는 한 시간, 그리고 집안일을 도와주는 데 드는 30분과 비교해 보라숙제나 집안일을 도와주는 데 보내는 시간은 아이들이 말한 시간이라 실제로 훨씬 더 적을 것이다.

그렇다고 반과학 기술주의를 부르짖는 사람들 생각처럼 심각한 상황만은 아니다. 적어도 텔레비전 시트콤이나 보면서 수동적으로 지혜를 얻는 카우치 포테이토소파에 누워 텔레비전을 보며 포테이토 칩을 먹는 사람. 만사를 귀찮아하는 사람에서는 벗어났으니 말이다.

요즘 젊은 세대는 인터넷이라는 정보의 세계에서 사람들과 교류한다. 문제는 현실 세계의 사람과 마주앉아 이야기하는 시간이 점점 줄어들고 있다는 것이다. 선사 시대의 남자들이 매머드와 관련된 흥미로운 소식을 서로에게 전하는 법을 배운 이래로 **눈을 마주보며 같은 공간에 앉아서 이야기를 나누는 것이야말로 가족, 친구, 사회를 이루는 기본 조건이었다.**

카이저 패밀리 연구소의 설문조사에서 매체 사용에 많은 시간을 보낸다고 답한 아이들은 부모와도 많은 시간을 보낸다고 답했으나, 과연 양질의 시간을 보내는지는 의구심이 든다.

부모와 함께 식사를 하면서 일상사를 이야기하고 있나? 같은 식탁에 앉아 있지만 서로 다른 생각을 하고 있지 않나?

아이들 중 3분의 2 정도63%가 저녁식사 중 텔레비전을 켜놓는다고 대답했다. 대다수의 가정에서 텔레비전은 거의 언제나 틀어져 있다. 흥미진진한 텔레비전에서 눈을 떼게 만들 수 있는 게 뭐가 있겠는가. 감히 아빠가 드라마 속 주인공과 경쟁 상대가 되겠는가?

~~~~~

무슨 일을 하든 습관적으로 텔레비전을 틀어 두는 젊은이들은 실제로 존재하는 가족, 교수, 친구마저도 텔레비전처럼 취급한다. 수업을 듣거나, 가족이나 친구 이야기를 들으면서 이메일을 보내고, 인터넷 검색을 하고, 비디오게임을 한다.
~~~~~

결국 수업시간에 노트북 사용을 금지시키는 대학들이 생겼다. 교수들을 현실 세계의 진짜 사람이 아닌 배경 소음 정도로 취급하는 걸, 교수들도 눈치챈 것이다.

SNS와 늘 접속되어 있다 보면 자립심이 약해진다. 인디애나 대학 사우스이스트의 심리학 교수인 베르나르도 J. 카르두치는 "뭔가 즉시 일어나는 데 익숙해진다."라고 말했다. 즉각적으로 이루어지는 의사소통, 순식간에 얻어지는 결과와 만족감은 그에 따른 결과물을 가져온다.

원하면 바로 피자를 먹을 수 있듯 우정이나 인간관계에서도 즉각적인 반응을 얻길 기대한다. 기대한 만큼 바로 반응을 얻지 못하면 쉽게 좌절하고, 조급해하며, 문제를 해결하길 꺼린다. 결국 다른 사람과 관계를 맺는 데 실패한다. 이러한 실패는 우울증을 겪게 되는 가장 강력한 경험이다.

수많은 매체 속 내용을 생각해 보자. 수십억 개의 정보, 규제를 받지 않는 자료, 과학, 수학, 폭력, 포르노, 진실, 가짜 뉴스의 홍수, 헤드폰을 통해 들려오는 잡다한 엉터리 이야기, 초고속으로 만들어진 관계, 그리고 동영상 등등.

보호자 통제는 완전히 패배한 상태다. 여덟 살에서 열여덟 살의 아이들 대부분은 부모가 텔레비전을 보는 데 아무런 제약을 하지 않는다고 대답했다. 폭력적인 비디오게임과 관련한 논쟁은 계속되고 있다.

그러나 카이저 연구팀의 설문조사 결과, 십대 청소년 중 5%만 부모가 어떤 비디오게임을 할지 정해 준다고 대답했다. 어린아이들의 경우 25%만이 부모가 게임 내용에 간섭한다고 대답했다. 자동차를 훔치는 그랜드 테프트 오토 같은 범죄형 게임을 아이들이 해도 부모의 75~95%는 아무런 손도 쓰지 않는다자동차를 훔치는 이 게임을 아이들이 즐기고 있다. 카이저팀의 조사 결과 중고등학생 62%가 이 게임을 해봤다..

그리고 조사에 참가한 청소년 중 4분의 1만이 컴퓨터에 보호자 통제 설정이 설치돼 있었다. 자녀가 듣는 음악이 몇 세 이상 들을 수 있는지 확인한 부모는 14%에 불과했다나머지 부모들은 자녀가 온갖 욕이 섞인 노래를 듣는지 모르고 있다.. 비디오게임이 청소년용인지, 성인용인지 확인한 부모는 열 명 중 한 명꼴이었다.

우리는 구속된 인생을 살고 있지만,

자기가 열쇠를 갖고 있다는

사실조차 모르고 있다.

_ 이글스의 노래, 〈Already Gone〉에서

The Grammer of Success 15

돈 공부로 세상의 눈을 떠라

서라운드 시스템을 갖춘 스마트TV, 고해상도 아이팟, 최신형 휴대폰, 수영장 딸린 콘도, 포르쉐와 페라리가 저절로 내 소유가 되는 게 아니다.

부모가 가지고 있다고 혹은 텔레비전이나 잡지 광고에서 봤다고, 그것 전부를 가질 수는 없다. 세상에 공짜는 없다이 말을 깨우쳐야 진짜 어른이다. 갖고 싶으면 우선 일을 해야 한다. 그런 다음 물건 값을 어떻게 지불할지 고민해야 한다.

텔레비전을 통해 라이프스타일에 관한 조언을 얻고, 남부러울 것 없이 누리고 살면서, 책임질 일도 없는 젊은 세대에게 이 사실은 충격적일 것이다.

작가 찰스 스턴슨이 프랑스 대혁명 전날 저녁, 베르사유 궁전 모습을 묘사한 내용을 살펴보자.

> 젊은 귀족들이 베르사유 궁전을 할 일 없이 어슬렁댔다. 마치 심심한 꼬마가 재미있는 일이 없나 찾아다니듯 말이다. 이들은 세금을 내지 않아도 되며, 사회적 책임을 질 필요도 없다. 물려받은 재산을 사회에 뿌려대는 게 그들이 맡은 임무였다.
>
> 사회, 정치, 경제 문제는 먼 나라 이야기였다. 원하면 바로 먹고 마셨고 음악회나 유흥거리를 찾아다녔다. 마약을 쉽게 손에 넣었고 난잡한 섹스가 성행했다. 남자나 여자 할 것 없이 앞다투어 튀는 머리 스타일을 하고 보석으로 화려하게 장식한 의상을 입었다. 재미 삼아 천민처럼 옷을 입어도 온갖 보화로 치장했다.
>
> 그들이 낄낄거리며 수다떠는 내용은 대부분 춤, 음악회, 파티 이야기뿐이었다. 아니면 다른 이의 패션 스타일이나 우스꽝스러운 행동, 혹은 섹스에 대해 쑥덕거렸다. 대화를 듣다 보면 이들의 걱정거리란 사회적으로 배척당하는 것, 나이 드는 것, 성병, 그리고 지루함뿐이었다.

스턴슨은 "과거 엘리트 귀족들의 삶을 그리다 보면 요즘 고등학교의 점심시간, 토요일 오후 쇼핑몰, 따뜻한 봄날 오후 대학 교정을 보는 듯하다."라고 말했다.

과거 귀족들과 다르게 현대인에게는 신용카드가 있다. 이 차이점을 이해하지 못할 때 문제가 발생한다. 젊은이들은 멋진 스타일, 테크놀로지, 쿨한 라이프스타일을 꿰뚫고 있다. 세상의 모든 물건이 다 내 것이라는 정신 상태와 경제 관념이 전혀 없는 상태가 충돌하면, 그 결과는 정말 재난에 가깝다.

십대를 포함해 젊은이들이 써대는 돈은 대부분 부모 주머니에서 나왔다는 게 문제다. 언제까지 부모가 대신 계산해 주지 않는다.

~~~~~

로버트 D. 매닝은 《신용카드 국가》에서 이렇게 경고한다.

"지금 세대는 실수하면 만회할 여지가 거의 없다."

원하는 물건은 대부분 비싸서 스스로 벌어서 살 수 없는 경우가 많다. 이대로 가면 졸업식 날, 이들의 양손에 졸업장과 카드대금 청구서 더미가 함께 들려 있을 것이다.

〈비즈니스 위크〉에 따르면 최근 대학 졸업생들의 빚이 10년 전 졸업생보다 63% 이상 증가했다고 한다. 빚은 쌓여만 가는데 젊은이들은 소비를 줄일 생각이 전혀 없다. 물건을 사면서 얻는 만족감을 포기하기 싫을뿐더러, 이미 익숙해진 문화에 뒤처지기도 싫어서다.

빚더미에 올라앉은 한 졸업생은 〈비즈니스 위크〉와의 인터뷰에서 이렇게 말했다.

"지금 제 라이프스타일은 기대와 너무 달라요. 부모님과 함께 살 때
~~~~~

처럼 누리면서 살 거라 기대했거든요."

부모가 그 정도 수준의 삶을 유지하기 위해 몇 십 년간 일했다는 걸, 그는 몰랐다. 이 졸업생은 대학만 졸업하면 부모처럼 살 거라 생각했지만, 이 치열한 경쟁 사회에서 대학 졸업장만으로는 살아남기 힘들다는 걸 깨달았다. 이후 실망과 빚만 남았다.

과거 세대들은 찰스 디킨스의 〈데이비드 코퍼필드〉라는 작품 속 인물인 미코버라는 이름을 따서 만든 '미코버 원칙'을 잘 이해했다. 미코버는 "20파운드 벌고 19파운드 99실링 6펜스를 쓰면 행복이 온다. 20파운드 벌고 20파운드 6펜스를 쓰면 비참함이 뒤따라온다."라고 말했다. 그러나 요즘 세대에게 이 미코버 원칙은 생소하기만 하다.

2000년대 초반부터 미국 12학년한국 고3에 해당 학생들의 금융 이해력 조사를 해온 미국 점프 스타트 연대에 따르면, 현재 미국 12학년 학생들은 금융 능력 기초 테스트에서 F학점을 받을 거라고 밝혔다. 위협적인 빨간색 펜 대신 보라색 펜으로 점수를 써준다 해도 평균 52.4라는 점수는 돈이 움직이는 방식을 전혀 모른다는 걸 확실히 보여준다.

또한 연 8만 달러 이상 소득을 올리는 가정의 학생은 평균 55.6% 정답 비율을 기록한 반면, 2만 달러 이하 소득 가정의 학생은 48.5%에 그쳤다. 가정의 소득이 높거나 재무 상황이 좋을수록 경제 교육이 이뤄지고, 금융 이해력에 차이가 난다는 것이다.

테스트에 사용된 질문 중 하나를 소개하겠다.

어느 젊은 부부가 아이를 낳았다. 이들은 축하 선물 대신 돈을 받았고, 이 돈을 아이 교육을 위해 저축하기를 원한다. 18년 동안 돈을 보관할 때 가장 높은 이익을 낼 방법은 무엇인가?

결과를 보면 44.8%가 미국 정부 저축채권이라 답했다. 34.8%는 보통예금이라고 답했고, 6.3%는 당좌예금 계좌라고 답했다. 답인 주식을 선택한 학생들은 14.2%에 불과했다.

보통예금에도 세금이 붙는 걸 아는 학생들은 25%에 불과했다. 부모가 직장을 잃으면 자신의 건강보험도 없어진다는 사실을 아는 학생들은 40% 정도였다. 은퇴 후 세 명 중 두 명은 노후 대비가 되어 있지 않다는 걸, 38% 학생만 알고 있었다.

미국인의 신용카드 부채는 사상 최고를 기록했고, 가구당 부채는 지난 20년 동안 4배나 늘어났다. 무엇보다 미국 가계 자산 증가분의 70% 이상이 소득 상위 20%에게 돌아가고, 이중 약 3분의 1은 상위 1%에 몰린다는 사실을 아는 학생은 극히 드물었다.

The Grammer of Success 16

돈에 밝은 사람이 되라

노스캐롤라이나 대학 메디컬스쿨의 소아학 교수인 멜 레빈 박사는 말한다.

"어린 시절부터 성공만을 수없이 경험하고, 원하면 바로 만족감을 얻는 데 익숙해진 사람들은 학교에서 직장으로 옮겨갈 때 어려움을 겪는다."

〈크리스천 사이언스 모니터〉는 비현실적인 기대와 직장에서의 현실이 충돌해 도움을 구하는 대학 졸업생의 수가 늘어났다고 보고했다.

한 졸업생은 "계획한 대로 일이 진행되지 않아서 처세술을 알려 주는 컨퍼런스에 돈을 내고 참가했어요."라고 말했다. 그는 라디오 마케팅 회사에 들어갔는데, 자신의 기대만큼 승진이 빠르지 않아서 사표를 냈다. 6개월 일했다고 프로그래밍 파트장을 시켜줄 수는 없지 않은

가. 이는 용납될 리도 없고, 불안 유발 요인이 될 테니 말이다.

과거에는 부모와 교사가 삶을 살아가는 방법을 가르쳤다. 그것이 자녀를 양육하고 그들을 학교에 보내는 목적이었다. 그런데 요즘 이 인생을 사는 방법을 가르쳐 주는 산업이 활성화된 걸 보면, 뭔가 단단히 잘못된 게 분명하다.

젊은 세대에게 심각한 문제가 있는 건 아니라고 조직 효율성 센터의 설립자인 트루디 소프가 말했다.

"이들이 조언을 구하려는 건 당연하다. 경험이 부족하기 때문이다."

이때 경험이란 스스로 결정 내리기, 목표 달성하기, 교사에게 과제물에 대한 솔직한 의견을 직접 듣고 부족한 점 지적받기, 고난을 겪고 극복하기 등을 말한다.

~~~~~

"학생들은 세계를 정복하고 꿈을 실현하라는 말은 수없이 듣고 있지만, 살면서 힘든 일을 겪을 거라는 말은 듣지 못했다."라고 한 분석가가 〈모니터〉에 썼다.

"젊은 세대에게는 높은 기대감이 있다. 그들은 사회 초년병으로 일하는 첫 주부터, 같은 분야에서 이삼십 년간 잔뼈가 굵은 베테랑이나 가지고 있는 걸 원하고 기대한다."라고 한 레스토랑 컨설턴트는 말했다.

젊은 세대는 영문을 몰라 한다. 대신 고용주들이 직업 윤리 갖기, 출
~~~~~

근시간 지키기, 혹은 출근하기 같은 기본적인 취업 능력 부족에 대한 불평을 늘어놓을 뿐이다. 놀랄 일도 아니다. 교육학자들은 오로지 어떻게 하면 '교사들을 7~8월에도 일하게 할까, 건강보험료를 내게 할까'에만 관심을 둔다.

퍼블릭 어젠다의 설문조사에 참여한 교육학 교수 중 37%만이 "수업 중의 훈육과 질서 유지는 절대적으로 필요하다."라고 대답했다. 더 심각한 문제가 있다. 교사들이 문법을 강조하고 철자와 구두점을 반드시 고쳐 줘야 한다고 생각한 교수는 19%에 불과했고, 학생들이 제시간에 등교하고, 교사들에게 예의를 지켜야 한다고 생각한 교수들은 12%뿐이었다.

젊은 교사들은 이에 대한 가르침을 받지 못했으니, 학생들에게 기대하지도 않는다. 그러니 직업 세계로 들어서면 놀랄 수밖에 없다.

"돈을 위해 일해야 한다는 사실에 놀랐어요."

스물네 살인 한 작가가 〈USA 투데이〉에 한 말이다.

부자가 되기 위해
무엇보다 중요한 일은
자신에게 맞는 직업을 찾는 것이다.
평생 일을 하면서
'어떻게 하면 이 일을 그만둘 수 있을까'만을
궁리한다면 결코 성공할 수 없다.

자신에 맞는 일을 찾았다면
최고가 될 수 있도록
전력을 다해야 한다.
자기 분야에 완전히 미치지 않고는
성공을 바랄 수 없다.

자신이 할 수 있는 일에
최선을 다한 사람만이
행운을 기대할 자격이 있다.
무작정 행운을 기다리는 사람에게
'짠'하고 나타나는 것은 가난뿐이다.
_ 피니어스 테일러 바넘

The Grammer of Success 17

누구나 실수는 한다, 다만 반복하지 마라

말도 안 되게 마른 모델을 보거나 **(보이기에)** 완벽한 피부와 복근을 가진 연예인들이 쇼핑하러 가는 걸 보면서, 그들의 몸과 인생이 자기 것이라고 착각할지 모른다.

그러나 연예인의 세계는 만화 속에서나 등장할 판타지 속 세계다. 우리가 사는 곳은 현실 세계다. 피부에 여드름이 덕지덕지 난 사람, 뚱뚱한 사람, 엄마의 중고차를 몰고 월마트에 가야 하는 사람이 사는 세계다. 우리가 그런 사람이라도 괜찮다. 그것이 현실이며, **(거의)** 모든 사람들이 현실 세계에서 산다. 그냥 받아들여라.

그러나 많은 젊은이들에게 현실 세계는 괴로운 곳이다. 잡지 〈유어 폼〉에 따르면 십대들이 졸업식 파티에 퍼붓는 돈이 1,000달러 이상이라 추정했다. 파티를 준비하는 데 비용이 점점 늘어 가는 이유를 〈시카고 선타임스〉가 밝혔다.

"오늘날 십대는 완벽주의라는 그늘 속에서 자라난 첫 번째 세대다. 성형수술, 명품, 연예인에 대한 관심은 그 어느 때보다 맹렬하다. 부모님 세대와 비교해 요즘 십대가 졸업식 파티에 거는 기대는 부풀대로 부풀어 있다. 부모님 세대에게 리무진이란 결혼식이나 장례식 때 부르는 것으로, 엄청난 부자나 리무진을 부를 수 있다고 생각했다."

물론 완벽함을 좇는다고 항상 좌절만 겪는 건 아니다. 언제나 잘 해내는 사람은 있기 마련이니까. 그러나 모든 사람은 언젠가는 실패를 겪기 마련이다. 따라서 요즘 같은 무관용주의 시대에조차도 완벽한 사람은 없다는 원칙이 삶에 적용되고 있다.

영웅이 휘청거리고, 챔피언에게 슬럼프가 찾아오며, 성자들조차 실수를 저지른다. **그러나 어떤 사람을 결함만으로 판단하는 실수는 저지르지 마라.**

~~~~~

존 휴즈라는 이름의 감리교 목사가 1980년대 중반 마더 테레사를 만났을 때의 경험을 들려줬다. 당시 마더 테레사는 가난한 사람들에게 헌신하는 모습으로 전 세계적으로 유명한 수녀가 됐고, 교황 다음으로 유명한 종교인이었다. 휴즈와 아내는 캘커타에 있는 프렘단에서
~~~~~

장애인들을 돌보는 봉사활동을 했다.

휴즈는 그 유명한 마데 테레사 수녀를 만날 수 있다는 생각에 고무됐다. 그러나 방문 기간 동안 멀리서 잠깐 본 게 전부였기 때문에, 전 세계를 감동시켰던 이 특별한 수녀님을 실제로 만나기 힘들 거라는 사실을 받아들였다.

휴즈가 캘커타를 떠나기 2주 전쯤 프렘단에서 한 환자의 붕대를 갈아 주고 있었다. 오래된 붕대를 잘라내고, 상처를 약으로 소독한 후, 새 붕대를 감아 줘야 했다.

붕대를 갈고 있는데 한 수녀가 옆에 앉아 묵주 기도를 했다. 휴즈는 친구인 시리악 수녀라고 생각하고 하던 일을 계속했다. 그러다 고개를 돌렸더니 마더 테레사 수녀가 바로 지척에 조용히 앉아 자신을 보고 있었다.

잠시 모든 생각이 정지했다고 말할 정도로 놀란 휴즈는 제정신을 차리고 세상에서 가장 유명한 이 수녀에게 자기를 도와주고 싶은지 물었다. 그녀는 그렇다고 대답했다. 휴즈가 더러운 붕대를 잘라내고 상처를 소독하고 약을 바른 후, 마더 테레사가 새 붕대를 감고 클립으로 고정시켰다.

그리고 이때부터 재미있는 이야기가 시작된다. 휴즈는 테레사 수녀가 클립을 반대로 고정시켰다는 걸 발견했다.

"붕대를 간 노인이 멀어져 가는 동안 나는 생각에 빠졌다. 테레사 수녀의 실수를 본 것이다."

휴즈는 거북스러웠지만 빨리 결정을 내려야 했다. 마틴 루터 킹 주니어가 쓴 설교문에 문법적으로 틀린 표현이 있다면 말해 줘야 할까? 쏜살같이 달려가 덩크슛을 하려는 마이클 조던에게 드리블을 하지 않아 반칙이라고 불러 세워야 할까? 노벨평화상 수상자이며 성자에 가까운 마더 테레사에게 실수를 했다고 지적해야 할까?

결국 휴즈는 노인을 다시 데려왔고 테레사 수녀에게 클립을 잘못 꽂아서 붕대가 풀릴 거라 말했다. 이 세계적으로 유명한 수녀에게 클립을 잘못 꽂는 실수를 했다고 말한 것이다.

"수녀님은 내가 지적한 부분을 보면서 내 말에 귀기울이고 잠시 생각에 잠기셨다. 나는 재빨리 머리를 굴리며 괜히 말씀드렸다고 생각했다. 수녀님은 조용히 한마디 하셨다. '젠장!' 그리고 클립을 바르게 고정시켰다."

~~~~~

이 일화로 마더 테레사 수녀의 위대함이 없어지지는 않는다. 오히려 반대 효과를 보였다. 휴즈는 이후 뛰어난 종교적 스타라는 이미지는 자신이 상상해 만들어낸 것임을 알게 됐다.

그리고 그는 이렇게 썼다.

"수녀님이 보인 겸손하면서 인간적인 면모는 미디어나 상상력이 만들어낸 이미지보다 위대했다."
~~~~~

이 이야기에서 얻을 수 있는 교훈은 세계에서 제일 유명하고 사람들의 동경을 받는 사람이라도, 결국 인간일 뿐이기에 실수를 할 수밖에 없다는 사실이다. 조지 워싱턴은 여러 전쟁에서 패했다. 링컨은 정치적 과오를 여러 번 저질렀다. 미식축구 최고의 쿼터백인 브렛 파브도 여러 번 공을 빼앗겼다.

영웅들도 사소하게나마 실수를 저지른다는 면을 포착할 경우, 자신의 평범함을 좀 더 편안하게 받아들일 수 있다.

반대의 효과도 있다. 영웅들의 결점을 가지고 냉소주의의 근거로 삼기도 한다. **하지만 영웅들의 결점이 오히려 부모님, 교사처럼 평범한 사람들이 특별한 일을 해내는 게 얼마나 더 특별한 일인지 알게 해줄 뿐이다.**

다른 사람의 천 개의 결점을

알아차리는 것보다

자기 자신의 한 개의

결점을 알아차리는 것이

더 유용하다.

_ 달라이 라마

The Grammer of Success 18

승자도 패자도 인생 철학은 있다

학교에서는 승자와 패자를 가리지 않을지도 모른다. 현실은 아니다. 학교에서 당신은 제대로 된 정답을 말할 때까지, 여러 차례 잘못된 답을 말할 수도 있다. 낙제 성적은 사라지고, 1등은 누군지 알려지지 않는다. 아무도 열등감을 갖게 하지 않으려는 배려다.

학교에서는 노력도 결과만큼 중요하다. 그러나 현실은 이런 학교와 눈곱만큼도 닮은 점이 없다.

세계적인 경영 컨설턴트이자, 리더십 트레이너인 데니스 웨이틀리는 《승자의 심리학》에서 다음과 같이 말했다.

"성공한 사람은 앞으로 할 수 있는 일과 해야 할 일, 그리고 자신이 누구인지를 끊임없이 생각한다. 반면에 실패한 사람은 했어야 했는데 못한

일과 해야 했던 일, 그리고 자신이 할 수 없는 일만을 계속 생각한다."

승자와 패자의 인생 철학이 다르다는 건, 다음 두 사람의 생각에서 쉽게 드러난다. 미국 프로 미식축구팀 그린베이 패커스의 위대한 감독 빈스 롬바르디는 이렇게 말했다.

"인생의 전쟁이 항상 강하고 더 빠른 사람에게만 일어나는 건 아니다. 그러나 인생의 전쟁터에서 승리하는 사람은 이길 수 있다고 생각하는 사람이다."

경쟁이 없는 교육을 주장한 교육학자 알피 콘은 말했다.

"경쟁하는 아이들은 승자를 질투하고, 패자를 무시하며, 모든 사람을 불신한다."

빈스 롬바르디는 말했다.

"원하는 만큼 위대해진다. 자신을 믿고 용기, 결단력, 노력, 경쟁력을 갖춘 상태에서 어느 정도의 희생을 감수하고 가치 있는 일을 이뤄간다면 원하는 것을 이룰 수 있다."

알피 콘은 말했다.

"생일 파티 때 의자 뺏기 게임을 처음 해봤다. 음악이 멈추면 의자에 앉은 게임이었는데 사람 수보다 의자를 하나씩 모자라게 해서, 앉지 못하는 애를 탈락시키는 게임이었다. 끝까지 살아남은 애는 의기양양하게 의자에 앉았다. 탈락된 나머지 애들은 불행한 패자가 되는 동안 말이다."

빈스 롬바르디는 NFL내셔널풋볼 콘퍼런스 16개 팀과 아메리칸풋볼 콘퍼런스 16개 팀. 총

32개 팀이 동부·서부·남부·북부 지구로 나뉘어 치르는 미국의 미식축구 리그를 말한다 타이틀을 세 번이나 차지한 감독이 됐다. 알피 콘은 의자 뺏기 게임 때문에 정신적 상처를 받았다.

패자는 경쟁을 싫어한다. 지는 게 싫어서다. 패자는 테스트를 피한다. 테스트를 통해 기술을 쌓거나 목표를 성취하는 것보다 테스트 결과 때문에 기분이 나빠질까 봐 걱정해서다. 패자는 핑계를 대거나 다른 사람을 비난하고 일의 목적이 무엇인지 혼란스러워 한다.

패자는 어떤 일을 하겠다고 마음만 먹을 뿐 실천으로 옮기지 않는다. 이들은 쉽게 낙담하고, 문제나 장애물이 닥쳐오면 과장해서 금세 포기하는 습관이 들었다.

물론 인생의 실패자로 지내길 원하는 사람은 없다. 그래서 실패에 관한 철학을 받아들이고 철학가, 교리, 전통, 그리고 정치 정당마저 이용해 가면서 어떻게 해서든 자기합리화를 하려 든다.

패자는 다른 누군가 때문에 실패했다고 편리하게 생각해 버린다. 패자의 비난을 받는 대상은 사회가 될 수도 있고, 개인이나 조직 시스템이 되기도 한다.

가장 인기 있는 비난의 대상은 국가다. 온갖 종류의 상장과 트로피를 받을 정도로 너무나도 유능한 자신을 패자로 살게 내버려두는 국가야말로 가장 좋은 비난의 대상이다.

패자는 다른 사람이 접근하지 못할 자기만의 공간을 만들려 노력한다. 패자는 성공으로 이끄는 덕목들을 어떻게 해서든 폄하시키려 애쓴다. 열심히 공부하고 노력하는 사람을 촌스럽다며 비웃는다. 학교 성적이 높게 나온 친구를 범생이라 부르며 조롱한다. 혹은 배신으로 여기기도 한다.

우리 주위에서 패자를 찾는 일은 어렵지 않다. 패자는 다른 이가 성공하면, 편애를 받거나 운이 좋아서 혹은 불공평하게 유리한 위치에 있었기 때문이라 폄하한다. 자기가 승진에 실패하면 그럴 만한 이유가 있을 거라고 생각하지 않고, 다른 사람이 대신 승진하면 당연한 일이라 인정하지도 않는다.

패자는 굳이 승자가 될 필요가 없다며 스스로를 위로한다. 내 회사 동료는 "난 위대한 예술가가 되고 싶진 않아. 평범한 예술가로 만족해."라고 말했다예술가 대신 기술자, 회계사, 배우, 변호사, 야구선수를 넣어보라.

다시 말해 패자는 현실에 안주한다. 어느 정도 괜찮은 정도에 만족한다. 그리고 퇴근시간이 될 때까지 시계만 뚫어져라 본다.

따라서 패자가 볼 때 임무를 완수할 필요가 없고, 문제를 극복하거나 어려운 목표를 달성할 필요도 없는 직업이 최고다. 기계만 작동시키면 끝인 일을 하면서 퇴직금 받을 날만 기다린다이런 사람이 결국 공교육 행정을 맡는다.

패자는 장기적인 만족과 단기적인 기쁨을 혼동한다. 자부심은 하늘을

찌를 듯 높지만 절제력은 바닥이다. 2006년 토리노 올림픽 스키 활강 부문에서 아무런 메달을 따지 못했던 보드 밀러를 생각해 보라.

"전 그저 시합을 즐기길 원했죠. 이번 올림픽도 잘 즐겼어요."

밀러는 〈어소시에이티드 프레스〉와의 인터뷰에서 말했다.

"제가 달성한 기록에 만족해요. 올림픽에 참여하는 데 의의를 두고요. 올림픽에 왔는데, 그에 맞는 파티를 즐기고 사람을 사귀어야죠."

그의 최종 성적은 뭐였을까?

- 복합 : 자격 미달
- 수퍼 G : 끝내지 못함
- 대회전 활강 : 6위
- 회전 활강 : 끝내지 못함
- 활강 : 5위

"적어도 메달을 받으러 토리노까지 갈 필요는 없잖아요."

복합 경기에 자격이 미달된 후 보드가 한 말이다. 보드 밀러는 올림픽을 실컷 즐겼다. 제대로 파티를 열면서 말이다.

기사에 따르면 다른 선수들이 다음 경기를 위해 쉬는 동안 그는 한밤중까지 파티를 즐겼다. 밀러는 재능 있는 선수고 성공을 거둘 만한 역량의 소유자였다.

그러나 아무런 성과 없이 집으로 돌아왔다. 기술이나 능력이 부족해서가 아니라 패자의 태도를 가져서다. 기회를 인식하고 잡는 대신 술집을 전전했다.

~~~~~

이와 반대로 **승자는 테스트를 두려워하지 않고 경쟁에서 도망치지 않는다.** 패자에겐 없고 승자만 가진 덕목이 집중력, 준비성, 인내력이다. 야망이 있는 사람이라고 모두가 노력, 희생, 땀이라는 대가를 지불할 준비가 돼 있지 않다. **승자는 준비가 돼 있다.**

승자는 주의를 흐트러뜨리는 소음이나 부정적인 생각을 차단하는 방법을 안다. 룸메이트가 끝내주게 예쁜 쌍둥이들이 오늘밤 바에서 파티를 연다고 말하며 연습을 건너뛰라고 유혹해도 무시할 줄 안다.

패자는 복권을 산다. 운이 좋아야 성공한다고 생각하기 때문이다. 승자는 운이 따르면 좋겠지만, 성공은 자신에게 달려 있음을 알고 있기에 책임을 다하려 한다.

경험상 승자는 동료의 무한한 신뢰와 애정을 받는다. 위기 상황에서 의지할 수 있기 때문이다. 승자에게는 성공하고 싶고 성공의 필수요소를 알고 싶은 사람들이 따른다. 패자에겐 불평불만을 일삼는 친구가 다가온다.

승자는 다른 사람이 망쳐 놓은 일을 정리한다. 어느 학급, 팀, 조직이든 패자는 존재한다. **패자는 불평을 터뜨리며 다른 사람이 세운 계획**
~~~~~

의 결점을 족집게처럼 잡아낸다. 특히 잘못될 가능성을 지적하는 데 탁월한 능력을 보인다.

전쟁과 같은 글쓰기를 끝내고 잔뜩 지쳐서 쉬는 작가에게 총을 쏴대는 편집자들에게서 패자는 영감을 받는다. 승자는 미국 대통령이었던 시어도어 루스벨트에게 영감을 받는다.

> 생각만 하는 비평가나 강했던 사람이 어쩌다 휘청거렸는지 논평을 해대고, 실천가가 한 행위에 대해 이러쿵저러쿵 지적해대는 사람에게 칭찬이 돌아가지 않는다. 칭찬은 실제 현장에 있고, 온갖 먼지와 땀과 피로 얼굴이 얼룩진 사람의 것이다.
> 용맹스럽게 투쟁하며 열정과 헌신이 무엇인지 알고, 가치 있는 일을 이루기 위해 시간을 투자하는 사람의 것이다. 성공적인 업적을 이뤄낸 사람의 것이다. 승리도 패배도 알지 못하는 소심한 이들과 절대 한자리에 있지 않으려 하고, 실패하더라도 용감무쌍하게 도전해 본 사람의 것이다.

시작하기 전부터 성공을 예감하라.

승자라면

어떤 게임을 하든

성공할 것이라는

기대를 갖고 시작한다.

"하고 싶지만 할 수 있을지 모르겠어."라는 말은

패자의 말이다.

승자는 이렇게 말한다.

"하고 싶고 할 수 있어!"

_ 데니스 웨이틀리

The Grammer of Success 19

제발, 남 탓하지 마라

여러분 엉덩이가 어마어마해진 원인을, 맥도날드의 빅맥 탓으로 돌리지 마라. 아직 성인이 안 된 여러분이 담배 피우는 이유를 광고 때문이라고 탓하지도 마라.

패자의 인생 철학을 피하고 싶다면, 자기가 잘못하거나 틀린 선택으로 인해 발생한 결과를 다른 사람 탓으로 돌리고 싶은 유혹을 참아라.

우선 여러분 입에 집어넣는 게 무엇이든, 다른 사람 탓하지 마라. 담배부터 생각해 보자. 십대들이 담배 피우는 모습은 절대 멋져 보이지 않다. 담배 광고 때문에 어쩔 수 없이 담배를 피웠다고 말하는 사람만큼 어리석은 사람도 없다. 자존심을 지켜라.

십 년 전쯤 한 남자가 자기 엉덩이에 살이 너무 쪄서 의자에 앉을 수

없게 되었다며 맥도날드를 고소했다. 저널리스트인 마이크 료코는 "이 남자가 태어나면서부터 허리가 60인치에 엄청난 엉덩이를 가진 건 아닐 것이다. 시간이 흘러 엄청난 엉덩이를 가진 소유자가 됐다. 이것은 그의 책임이다."라고 쓴 바 있다.

언젠가 시저 바버라는 남자는 사람들이 어떤 것에도 책임지지 않아도 된다고 말하는 캠페인의 선두주자로 기억될 것이다. 몸무게가 120kg이 넘는 바버는 미국 법의 역사를 새로 썼다. 그는 맥도날드를 비롯해 버거킹, KFC, 웬디스 등 자주 들르던 패스트푸드점들을 상대로 소송을 걸었다. 자신을 살찌게 만들었다는 게 소송의 이유였다.

몇 년 전만 해도 이런 사건은 패러디물에서나 볼 수 있었다. 2000년 사회 사건을 풍자적으로 패러디해 가짜 뉴스를 만들던 〈더 어니언〉은 '허쉬 초콜릿, 비만인들에게 1,350억 달러를 지불하라는 명령을 받다' 라는 제목의 패러디 기사를 실었다. 기사에서 이 초콜릿 회사는 고의적으로 아이들에게 초콜릿만 잔뜩 들어 있고 영양가는 전혀 없는 초코바를 만들어 팔았다고 고발했다.

"이 초코바 속에 땅콩, 크리스피 라이스, 캐러멜을 넣어 아이들이 사먹지 않으면 못 배기게 만들었다."

3년 전, 마크 F. 번스타인이 〈월스트리트 저널〉에 실은 패러디 글도 유사한 맥락이다. '빅 팻 타깃'이라는 제목의 글로 위스콘신 치즈왕과 불량식품 판매상들 때문에 우리가 동맥경화증을 일으킨다며 고발했다.

무엇을 먹는가는 자유 의지이기 때문에, 거물급 식품기업에 겉과 속이 다른 공격을 퍼붓는 것은 말도 안 된다는 데 번스타인도 동의했다.

그의 글은 이렇게 끝을 맺었다.

"운동하기에 너무 더운 날씨다. 다이어트하려면 불굴의 의지력이 필요하다. 왜 그냥 당하고만 있는가? 당장 소파에서 일어나 고소해라."

~~~~~

패러디 속에나 나오던 이야기가 요즘 실제로 일어나고 있다.

57세의 바버는 심장마비로 두 번이나 쓰러진 후에도 일주일에 서너 번씩 패스트푸드점을 찾았다. 맥도날드 햄버거는 100% 쇠고기로 만든다는 주장진실이긴 하다에 현혹됐다는 게 그의 주장이다.

"맥도날드 측의 주장이 몸에 좋다는 소리인 줄 알았어요. 햄버거를 먹어도 괜찮다고 생각했죠. 패스트푸드 산업이 내 인생을 망쳤어요. 날 속였고, 우롱했어요. 한 방 먹었다고요."

바버는 적어도 백만 달러의 보상금을 받을 거라는 헛된 희망을 품었다. 바버를 뒤이어 두 명의 십대 비만아들이 소송을 제기했다. 이 둘은 매일 맥도날드에 들른 덕분에 엄청난 허리둘레를 얻었다. 판사는 소송을 취하시키며 아무도 강제로 맥도날드 햄버거를 먹이지 않았다고 선언했다. 판사는 또한 폭식을 막아 주는 것이 법이 할 일은 아니라고 지적했다.
~~~~~

빅 팻들에게 이번 소송취하 효과는 일시적이다. 여선히 많은 사람들은 영양학적으로 올바르게 계산해 먹이통에 음식을 넣어 주길 기다리기 때문이다.

패스트푸드 산업의 음모에 휘말린 희생자라고 생각하는 사람들 덕분에 수천 명의 카운슬러, 공무원, 영양사, 변호사들이 생계를 유지한다. 음모의 희생자들은 맥도날드의 해피밀 세트에 나오는 캐릭터 상품이 치명적인 역할을 한다고 주장했다랠프 네이더는 맥도날드 햄버거를 대량살상무기라고 불렀다.

예일 대학 교수이자 비만 방지 활동가인 켈리 브라우넬은 이렇게 주장했다.

"여러분이 스스로를 보호하기 위해 트윈키 세금미국인들을 비만으로 만들 만한 불량식품에 붙이는 세금. 대표적 식품인 '트윈키'라는 크림빵의 이름을 따서 만들었다을 부과하고, 레스토랑 규제법을 제정해야 하며, 식품에 나이 제한을 두고 먹게 하거나, 담배처럼 가격을 높이고, 인기 있는 어떤 식품들은 철저히 금지해야 한다."

패스트푸드 산업의 두둑한 주머니를 노리는 변호사들이라면 사람들에게서 변호사인 존 반즈하프가 "개인적 책임이다." "식사량을 줄이면 된다."라는 식의 상투적인 주장, 온갖 헛소리라고 칭한 것들을 사라지게 해야 한다. 다시 말해 무엇을 먹을지 결정할 때 여러분은 주체적인 존재가 아니라는 소리다.

~~~~~

국제농약행동망농약 사용을 중지하여 지속 가능한 농업 증진을 목적으로 하는 국제비정부기구 연대의 스킵 스피처는 개인의 책임과 관련된 문제를 '문화 건설'이라 부르면서 이런 움직임에 합류했다. 나초, 초콜릿, 케이크, 딩동을 제조한 회사를 상대로 아이들을 비만아로 만들었다는 죄목으로 소송을 거는 것이야말로 문화 건설에 이바지하는 길이 된 것이다.

판돈이 클수록 사람들은 뭐든 기꺼이 믿을 준비가 돼 있는데, 특히 정부를 위해 일하는 공무원들은 그 정도가 심하다.

미국 연방정부는 1억 2,500만 달러를 들여 9세에서 13세의 아이들에게 신체적인 활동을 유발시키는 프로그램을 만들었다. 닌텐도 게임기를 내려놓고 소파에서 일어나 밖에 나가서 놀라고 말해 주는 데, 그 돈을 다 쏟아 부었다.

엄마가 여러분에게 하던 잔소리가 아닌가? 그것도 공짜로 해주지 않던가?

"날씨도 좋은데 쓸데없이 텔레비전만 보지 말고 자전거라도 타러 나가렴. 저녁 안 먹으면 간식도 없어."라는 말을 엄마한테 들어 봤을 것이다. 그리고 엄마 때문에 억지로라도 채소를 먹어야 했다. 이제 엄마가 하던 일을 미국 연방정부가 대신한다.

이 프로그램의 밑바닥에는 정부가 이런 이야기를 해주지 않으면 아이들 스스로는 절대 모를 거라는 가정이 깔려 있다. 수백만의 부모들
~~~~~

말을 무시하고, 수천 명의 체육 교사 말을 귓등으로 흘려들으며, 이성에게 매력적으로 보일 거라는 말에도 꿈쩍 않던 아이들이 정부가 하는 말에는 귀기울여 들을 거라 생각하는 것 같다.

그다음은 뭘까? 아이들에게 따뜻한 양말을 신으라 말하는 데 1억 2,500만 달러 프로그램을 만들지 않을까?

전혀 불가능한 일도 아니다. 뭘 먹어야 할지 모르고, 운동이 몸에 좋다는 사실도 여러분이 모를 거라 생각하는 어른들이 여러분이 내린 결정을 어떻게 믿겠는가?

과보호의 전형적인 공식은 위기 + 악당 = 법 제정 + 소송으로 나타난다. 비만이 위기, 패스트푸드는 악당이다. 스낵에 세금을 붙이거나 학교에서 탄산음료를 금지하는 법이 제정됐다. 패스트푸드점과 제과회사를 상대로 소송이 일어났다. 힘없는 아이들을 꾀어내어 프렌치프라이를 먹게 한 것이 이들의 죄다.

이런 시끌벅적한 사태를 막고 싶다면 여러분이 스스로에게 책임을 다하고 절제력을 기르면 된다. 혼자서도 시작할 수 있다. 그럼 손을 부들부들 떨며 논평하는 신문 논설위원들, 가식적인 정치가들, 식품 관련 공무원들, 돈에 눈먼 변호사들은 온갖 재미를 빼앗길 것이다.

적어도 음식에 치즈를 뿌려먹을지 아닐지 정도는 여러분 스스로가 결정할 문제 아닐까?

The Grammer of Success 20

성공의 기쁨은 항상 실패의 슬픔 뒤에 온다

학생들이 마음의 상처를 입을까 두려워 몇몇 학교는 유급 제도를 폐지하고 졸업생 대표 제도를 없앴다. 노력도 결과만큼 중요하기 때문이다. 그러나 이는 현실과 거리가 먼 이야기다. 현실에서는 능력이 뛰어나면 상을 주고, 실패하면 눈치를 준다.

치료사나 상담사 혹은 뜬구름 잡는 사람들이 아무리 아니길 바라도 인생에는 경쟁이 있고 승자와 패자가 나오기 마련이다. 누군가는 취직하고 누군가는 백수가 된다. 누군가는 승진하고 누군가는 제자리에 머문다. 누군가는 원하는 시험에 합격하고 누군가는 떨어진다. 누군가는 대학에 수석으로 입학하고 누군가는 대학에 가질 못한다.

요즘 《이상한 나라의 앨리스》에서나 나올 법한 '모두가 승자이며 모두가 상을 받아야 한다!'라는 주장이 공교육을 주름잡는다. 참가상이라도 학생들에게 줘야 한다고 말한다.

정말로 웬만하면 다 상을 받는다. 가정마다 의미 없는 트로피와 상장이 넘쳐나는 걸 보면, 모두가 승자라는 사회 분위기가 그대로 느낄 수 있다. 팀을 위해 노력한 모든 학생들이 승리자다. 그리고 모두가 재능을 가지고 있다.

그러나 함정이 있다. 모두가 재능이 있다는 말은 곧 아무도 재능을 가지고 있지 않다는 말도 된다. 모두를 우등생 명단에 올리면, 굳이 그 명단을 작성할 필요가 없다. 학급 등수는 기분만 상하게 하기 때문에 등수 제도를 폐지한다.

영화 〈인크레더블〉에서 엄마가 아들에게 말한다.

"모두가 특별하단다, 대쉬."

그러자 아들 대쉬가 대꾸한다.

"그건 아무도 특별하지 않다는 말이잖아요."

하버드 대학 교육학 교수인 찰스 윌리는 교육의 목적이 우등상을 주는 게 아니라고 선언한다. 개인적인 선택의 문제며, 누군가는 희생을 해야 하기 때문이다. 학교는 우등상의 타당성을 고민해야 한다.

절망과 평범함이 판을 치는 사범 대학에 발을 들여놓은 순간부터 예비 교사들은 경쟁에 반감을 갖기 시작한다. 퍼블릭 어젠다의 한 조사에서, 일반 대중이 학교에 거는 기대와 사범 대학 교수들의 생각 사이에 상당한 차이가 있었다.

사범 대학 교수 중 3분의 2가 학교에서 우등상처럼 경쟁을 일으키는 보상을 없애야 한다고 말했다. 그리고 교수 중 절반이 팀 프로젝트에 참여한 학생들에게 그룹별로 점수를 줘야 한다고 생각했다팀플은 사실 똑똑한 학생만 고생하는 학습으로 유명하다.

비평가들은 때때로 질투심을 고상한 원칙으로, 분노를 공평성을 위한 열정이라는 이름으로 꾸며 준다. 교육평론가인 마크 믈로워는 우등생 제도를 비판하면서 "교육계에서 우등생 제도를 계속 유지하고, 부모가 공공연하게 자녀가 우등생이라고 자랑하고 다니면, 불공평한 상황이 심해지다가 결국 분노를 야기한다."라고 말했다. 그의 말대로라면 이런 자동차 범퍼용 스티커가 나올 정도다.

"내 아들이 당신의 우등생 아들을 때려눕힐 거야."

그러나 사실 우등상보다는 점프숏을 멋들어지게 하는 아이, 린제이 로한 같은 몸매를 가진 아이, 졸업 댄스 파티의 여왕, 새로 나온 비디오게임의 모든 레벨을 깨는 아이들이 인정받고 친구들 사이에서 서열도 꽤 높다.

치료사, 사회사업가, 교육학자들이 아이들 사이의 서열을 없애는 첫 번째 방법으로 가장 다루기 쉬운 이들에게 집중했다. 바로 능력과 노력을 겸비한 소수의 우등생들 말이다. 결국 우등생 제도가 사라지면, 우등생들이 그나마 또래 집단에서 거두던 승리마저 사라진다. 예쁜 여자친구와 스포츠카는 계속 고등학교 때 건장하던 남학생 몫이 될 것이다.

우등생이 이미 또래 사이에서 인기가 있더라도 우등상은 특별한 의미를 지닌다. 어른들에게 필요한 자질을 지녔다고 인정받은 첫 번째 성인상이기 때문이다. 수학이나 역사에서 우수한 성적을 거둔 것은 획기적인 기술 개발에 성공했을 때만큼이나 칭찬받을 만한 일이다. 물론 친구들이 칭찬해 줄 일은 없을 것이다.

우등상을 없애고 등수 제도를 폐지하면 아이들은 지는 법을 배우지 못한다. **실패하는 법을 미리 알지 못한다면, 인생은 엄청나게 고역스러운 놀라움의 연속일 것이다.**

~~~~~

전설적인 프로 미식축구팀 감독 빈스 롬바르디가 말했다.

"가장 위대한 업적은 한 번도 넘어진 적이 없을 때가 아니라, 넘어졌지만 다시 일어설 때 이루어진다."

교육계의 유모들은 여러분이 푹신한 곳에 넘어져서 다치지 않아야 한다고 생각한다.

어른은 경험을 통해 실패해도 세상이 끝나지 않는다는 걸 알고 있기에 아이들보다 유리하다. 어른들은 실패만 계속되지 않는다는 걸 안다. 내일은 내일의 태양이 뜬다. 부모 품에 자란 아이들은 절대 이를 알지 못한다.

최근 한 리얼리티 쇼에서 어린 소년은 판정단이 자기 발명품을 채택
~~~~~

하지 않자, 대성통곡하며 외쳐댔다.

“저 아저씨들이 내 꿈을 빼앗았어.”

판정단 중 한 명이 그 소년에게 앞으로 성공할 거라고, 그러나 실패도 겪을 것이며, 이 모두가 성장 과정의 일부라고 차분히 설명했다.

성공과 실패를 구별하지 않으면 패배가 주는 혹독함을 겪지 않아도 된다. 그러나 승리를 이루려는 동기나 승리 후 얻는 즐거움 역시 경험하지 못한다. 패배한다고 반드시 정신이 피폐해지지는 않는다. 오히려 동기 부여가 되기도 한다.

에이브러햄 링컨은 대통령으로 선출되기 전까지만 해도 패배자로 유명했다. 야구팀 레드 삭스가 월드시리즈에서 거둔 우승이 위대해 보이는 건 수년간 계속 졌기 때문이다.

1993년 영화 〈루디 이야기〉의 주인공 다니엘 루디 루티거는 몸집도 작고 미식축구 실력도 그저 그런 평범한 아이였지만, 노트르담 대학 미식축구팀에 들어가고자 하는 꿈이 있었다.

그러나 그의 성적으로는 노트르담 대학에 들어가기 힘들었다. 그는 일단 지역 전문 대학에 입학해 학점을 얻었지만, 실패와 좌절은 계속됐다. 하지만 루디는 끝까지 포기하지 않았다. 마침내 노트르담 대학의 입학 허가를 받았고, 이 영화의 클라이맥스에서처럼 미식축구 경기에 정식 선수로 출전했다.

노트르담 대학이 성적과 상관없이 학생을 다 받았다면, 그리고 미식축구팀이 재능도 의지도 없는 사람들로 구성됐다면, 루디의 인내와 최종 승리는 아무 의미가 없었을 것이다.

이 점을 깨달은 사람들이 생기고 있다. 〈보스턴 글로브〉는 모두에게 상을 주는 분위기가 널리 확산되자, 몇몇 학교와 스포츠 리그에서 트로피 수를 줄이기 시작했다고 전했다. **모두가 승자라는 말은 아무도 진짜 승자가 아님을 뜻한다는 걸 깨달은 사람들이, 드디어 하나둘씩 생겨났다.**

로이 바우마이스터 심리학 교수는 설명했다.

"트로피는 승자에게 줘야 한다. 자부심이 인생의 성공으로 이어지지 않는다. 자기 수양과 절제가 성공을 가져온다."

거리의 청소부가 되는 것이
운명이라면
라파엘이 그림을 그리듯이,
미켈란젤로가 대리석을 조각하듯이,
베토벤이 작곡을 하듯이,
셰익스피어가 시를 짓듯이
거리를 쓸어라.
_ 마틴 루터 킹 주니어

돈에 관한 생각을 바꿔라!

돈은 자동적으로 이미 많이 가진 자에게 흘러 들어가거나, 없는 자에게서 빠져나가는 게 아니다. 그리고 돈은 어느 한쪽 편을 들지도 않는다. 한 가지 확실히 말하자면, 돈은 공정하며 중립적이고 냉담한 편이다. 돈은 누가 그걸 소유하거나, 저축하거나, 소비하는지에 관심을 두지 않는다. 단지 돈을 가진 사람이 돈에 가치를 부여할 뿐이다.

올바르게 사용한다면, 돈은 인생에서 충분한 경험을 쌓을 수 있는 능력을 준다. 그리고 당신에게 선택권, 안도감, 그리고 사랑하는 사람들을 돌볼 수 있는 능력을 준다.

돈이 항상 문제 해결을 위한 답을 주는 것은 아니지만, 종종 문제 해결을 도와주기는 한다. 영화배우 버트 레이놀즈가 이런 말을 한 적이 있다.

"나는 가난하고 비참하게 살았던 적이 있다. 그리고 부유하고 비참하게 살았던 적도 있다. 둘 중 고르라면 부자로 비참하게 사는 게 낫겠다."

인생 최악의 시기에도 버트 레이놀즈는 자신이 번 돈이 얼마나 가치 있으며, 어떤 혜택을 주는지를 알고 있었다. 돈에 대한 그의 적극적인 관점은 성공에 있어 중요한 견인차 역할을 했을 것이다.

통상적으로 돈에 대한 사람들의 생각은 돈을 둘러싼 각종 결과에 영향을 미친다.

그러므로 당신의 부를 창출하는 능력은 주로 행운이나 환경의 결과물이 아니라, 당신이 어떻게 돈에 대한 자신의 사고방식을 관리하느냐에 달린 것이다.

The Grammer of Success 21

욕구대로 하다 보면 자유는 없다

다들 잘 알고 있는 사실이지만 우리는 여전히 육체적 욕구에 휘둘린다. 그렇게 이치에 맞는 소리가 없다는 듯, 젊은 남자들은 최선을 다해 자신의 육체적 욕구에 따라 행동한다.

그러는 데는 물론 이유가 있다. 어른들은 공개적으로 이야기 꺼내는 걸 꺼리고, 일부는 나이들어서 까먹었을지 몰라도 섹스는 정말 재미있고 짜릿하다. 그리고 문명의 혜택을 누리지 못하는 산골 지역에 살지 않는 한, 이런 짜릿한 즐거움은 인터넷에 접속하기만 하면 얻을 수 있다.

텔레비전 광고와 쇼프로그램, 그리고 수많은 웹사이트들은 한창 성적 호기심이 활발한 세대에게 섹스를 마음껏 즐기라고 격려해 준다.

인터넷에 접속해 보라. 셀 수 없이 많은 인터넷 사이트에서 상상도 하지 못했던, 성적으로 문란한 일들이 자행되고 있다. 육체적인 욕구를 느끼면, 당장 그 욕구를 풀면 그만인 세상이다.

이를 막으려면 여태껏 우리가 배운 적 없는 어떤 것이 필요하다. 절제력 말이다.

런던 스쿨 오브 이코노믹스가 실행한 연구는 10세에서 19세에 이르는 청소년 57%가, 인터넷으로 적어도 일주일에 한 번씩은 포르노를 본다고 보고했다부모들은 생각도 못하고 있다. 자녀가 인터넷으로 포르노를 보는 것을 눈치챈 부모는 16%에 불과했다.

몇 십 년 전 청소년들은 아버지가 사놓은 〈플레이보이〉를 몰래 빼내와 침대 속에 숨어 훔쳐보면서 질풍노도의 시기를 겪었다. 성적 판타지를 청소년들에게 주고 싶어 했던 휴 헤프너는 〈플레이보이〉를 처음 세상에 내놓으면서 목적했던 바를 이뤘다. 〈플레이보이〉를 즐겨 보던 과거의 청소년들이 요즘 SNS를 본다면 심장마비를 일으킬지 모른다.

우리의 부모님 세대도 과다한 호르몬 분비로 인한 질풍노도의 시기를 겪었다. 그러나 그때는 한계가 있었다. 여름방학 때 휴가지에서 만난 이성과 열렬한 사랑에 빠져도 대부분 좌절감을 느끼며 홀로 잠들었다. 그래서인지 1950~60년대에 태어난 베이비붐 세대들은 뭔가를 놓쳤다고 느끼나 보다. 60세가 넘는 노인들이 비아그라를 복용하면서 상실감을 달래고 있으니 말이다.

오랜 세월 소녀들은 마지막 선을 그어 놓고 어떻게 해서든 선을 넘지 않으려 애썼고, 남자애들은 어떻게 해서든 넘어가려고 노력했다. 남자애가 넘치는 사랑을 보여줄 기회를 달라고 애걸복걸하면서 "오늘이 마지막 밤이야!"라고 아무리 애처롭게 말해도 소용없었다. 어떤 남자애들은 구강성교는 진짜 성관계를 갖는 게 아니라면서 여자친구를 구슬렸다.

그러나 이 말도 안 되는 주장은 빌 클린턴 스캔들이 일어나자, 더 이상 설득력이 사라졌다빌 클린턴 전 미국 대통령은 비서인 르윈스키와 스캔들이 터지자 구강성교를 했을 뿐 바람피운 건 아니라고 주장했다. 요즘 젊은 세대들이 성적인 욕구만 채워 주는 이성친구를 사귄다는 것을 알면 부모들은 충격에 말을 잇지 못할 것이다.

~~~~~

미국에서는 16세가 되기도 전에 성관계를 경험한 여자애들이 3명 중 1명꼴이다. 18세가 된 여자애들 중 3분의 2 이상이 성경험을 했다. 통계상 남자애들과 비슷한 비율이지만, 성관계 여부에 대해 남자애들은 거짓말하는 경우가 많다는 점을 기억해야 한다.

요즘 청소년들은 거절당해 본 적이 없으니, "안 돼!"라는 말을 할 줄 모르는 것도 당연하다. 무분별하게 성관계를 맺으면 비참한 결과만이 남을 뿐이다.

잔뜩 무게 잡은 전문가들은 심각한 척하면서 가난 때문에 미혼모가
~~~~~

생긴다고 말한다. 말도 안 되는 소리다. 성욕을 열심히 쫓아가다 덜컥 임신이 됐을 뿐이다. 이런 전문가들은 호르몬 때문에 생긴 문제를 경제학으로 설명하려는 바보들인 셈이다.

십대에 임신하면 가난해질 가능성이 높긴 하다. 십대 소녀가 임신하면 고등학교를 다니지도 못하고, 대학은 꿈도 못 꾼 채 사회복지 기관에 의지해 살아야 한다. 그리고 이건 시작일 뿐이다. 통계 결과는 더 충격적이다.

어린 나이부터 성관계를 경험한 청소년들은 성병이나 우울증에 걸릴 확률이 높고 자살 시도율이 높다. 이들이 낳은 아기는 미숙아로 태어나 학업 성취도도 낮고, 학대받거나 방치될 가능성이 높다.

한 조사에 따르면 십대 미혼모가 낳은 아들이 감옥에 갈 가능성이, 그러지 않은 경우보다 13%나 높았다. 십대 미혼모의 딸이 미혼모가 될 확률도 그렇지 않은 경우보다 22% 높았다.

콘돔을 사용하는 것도 좋지만, 성관계 시작 시기를 늦추는 게 더 바람직하다. 물론 미래를 운에 맡기겠다고 말하면 더 이상 할 말이 없다.

성적 욕구를 충족시키는 시기를 늦추려면 절제력 외에도 자기 자신과 파트너를 존중하려는 의지가 필요하다. **상대방을 존중해 주는 걸 습관화하면 좋다. 나중에 세탁소에서 다른 사람들 속옷 색깔을 구별하는 일을 하기 싫으면 새겨들어라.**

너무 당연한 공식을 하나 소개하겠다.

'절제 + 신뢰 + 신용 = 자유'

자유롭게 행동하라는 말은 욕망의 노예가 되라는 뜻이 아니다. 자기 기분대로 행동하고 욕구를 절제하지 않고 제멋대로 굴어 놓고, 부모나 선생님에게서 벗어나 자유롭게 행동했을 뿐이라고 말해도 통하지 않는다.

과거 사려 깊은 어른들은 청년들에게 열정에 휘둘리거나 감정에 휩싸여 제멋대로 행동하지 말라고 충고했다. 절제하는 법을 가르치는 것이 곧 문명화로 가는 길이었다. 절제는 욕구 충족과 반대되는 말이다. 욕구를 충족시키려다 보니 심하게 몸에 달라붙은 스키니진을 입는다.

원하는 대로 해도 좋다. 단, 사생활을 지켜 주겠다고 부모님이 동의했을 경우만이다. 혹은 어른으로 인정받고, 역시 어른인 이성과 결혼해서, 스스로 집세를 내고, 피임기구를 사용하며, 성병과 관련한 최신 정보를 꿰뚫고 있고, 건강보험을 들어놔 산부인과와 소아과 진료를 받을 수 있으며, 아이를 돌보는 방법을 알고 있다면 마음대로 해도 상관없다.

대신 이런 조건을 충족시키지 못한다면, 여러분 속에 꿈틀대는 성적 욕구는 잠시 묶어 놓자.

The Grammer of Success 22

지금은 좋아 보이는 것들이, 나이가 들면 달라 보인다

담배를 피운다고 멋있어 보이진 않는다. 멍청하게 보일 뿐이다. 다음에 놀러 나가서 11살짜리가 입에 담배를 물고 있지 않나 둘러봐라. 어른들에게는 당신도 그런 어린애와 똑같이 보인다. 보라색 머리나 피어싱 같은 '자기표현'도 마찬가지다.

담배를 피우면 살도 빠지고 섹시해 보일 거라 생각할지 모르겠다. 하지만 담배를 피면 치아와 손가락이 누렇게 되고, 입에서는 재떨이 냄새가 나며, 일찍부터 주름이 생기고, 폐는 시커멓게 변하고, 심장병에 걸릴 가능성이 높아질 뿐이다. 심장병 때문에 튜브를 목에 꽂고 숨쉬는 모습은 절대 섹시하지 않다.

친구들을 따라 코를 뚫고, 똑같은 스타일로 옷을 입으며, 같은 음악을 듣고, 정치에 대해 같은 생각을 품으면서, 자신만의 정체성을 논하기란 힘들다. 이런 행위들을 순응이라 부른다. 내 말을 100% 믿어도 좋다. **쉰 살이 되면 문신은 흉측해 보인다. 지금은 좋아 보이는 것들도 나이가 들면 달라 보이는 법이다.**

멋진 엄마, 겁쟁이 교장이 있는 학교와 현실은 다르다. 현실 세계는 여러분 중심으로 돌지 않는다.

~~~~~

다음 이야기는 실화다. 열네 살인 여학생이 엄마를 졸라서 코를 뚫었다. 엄마도 처음에는 반대했다. 아직 피어싱이나 문신을 하기에 어리기 때문이다. 딸이 애걸복걸하고, 온갖 감언이설로 꾀어내다가, 협박까지 하는 상황이 되니, 결국 딸의 가장 친한 친구가 되길 원하는 엄마가 져줬다.

이 여학생이 코를 뚫은 사건은 단순히 잘못된 패션 스타일을 선택한 것 이상의 문제가 되었다. 그 주에서는 16세 이하 청소년이 귀가 아닌 다른 신체 부위를 뚫는 것을 법으로 금지했고, 학교 역시 교칙으로 금지했다.

학교 측이 교칙을 어겼다고 지적했지만, 소녀는 절대 코걸이를 빼지 않겠다며 고집부렸다. 이 소녀는 교장선생님에게 대들다가 5일간 근신 처분을 받았다.
~~~~~

"어른도 신념을 지키려면 상당한 용기가 필요한 법이시."라고 그 주의 교육위원회 회장은 이 열네 살 소녀에게 말하면서, 지역 법규를 집행할 용기가 부족했음을 시인했다.

"교육위원회를 대표해 네가 자랑스럽다고 말해 주고 싶구나."

말문이 막혀서인지, 회장에 있던 사람들 소리는 녹음되지 않았다.

저항심으로 충만한 이 소녀는 신나서 설명했다.

"학교처럼 열린 환경에서 자신을 표현하는 건 중요하다고 생각해요. 선생님, 친구, 그리고 부모님께서 학교는 내가 누구고 어디에 서 있는지 발견할 수 있는 곳이라 항상 가르쳐 주셨죠. 전 배운 대로 했을 뿐이에요."

이 소녀는 자기만족을 추구하고 자기표현을 하도록 가르쳐온 교육의 산물이다.

그러나 권위를 존중하는 건 배우지 못한 모양이다. "안 돼!"라는 말을 들어본 적도 없는 듯하다. **원해도 얻지 못할 때가 있음을 알지 못했다.** 법적으로 적정 나이가 될 때까지 원하는 걸 미뤄야 하는 경우도 있다는 것을 배우지도 못했다.

The Grammer of Success 23

어린 나이에는 섹시함이 무기가 아니다

가느다란 어깨끈에 가슴이 깊게 파인 탑, 스키니 진, 브라가 덧대진 캐미솔 탑, '이런 게 있는데 뇌가 왜 필요해?Who needs a brain when you have these?'라고 쓰인 셔츠를 입은 여학생은 호르몬이 왕성하게 솟구칠 나이의 남학생에게 특정한 메시지를 전달한다. 그것은 분명 '나를 존중하면서 좋아해 줘'라는 메시지는 아니다.

심리 치료사인 패트리샤 달튼은 "한 젊은 여성은 '어떤 것을 부적절하다고 말하는 것 자체가 부적절하네요'라며 날 지적했다."라고 썼다.

열네 살짜리 아들과 나는 최근 야구장에 갔다. 이십대 초반에 체중이 꽤 나가 보이는 여성 뒤에 앉았다. 그런데 곤혹스러운 일이 생겼다. 그녀가 몸을 숙일 때면 꼬리뼈 부근에 새긴 문신과 엉덩이 골이 적나라하게 보였다. 남자들은 이런 모습에 신사답게 대처하고 싶지만, **보기 흉한 건 어쩔 수 없다.**

쭈그려 앉아서 일하는 배관공이야 어쩔 수 없다 해도 배관공도 아닌 그녀가 일부러 그렇게 옷을 입은 건, 아마 그런 모습이 추하다는 것을 몰라서였으리라 짐작한다.

진행하는 라디오 쇼에서 나는 그렇게 옷을 입으면 창녀처럼 보인다는 것을 여성들도 아는지 궁금하다고 말하자, 한 청취자가 대답을 남겼다.

> 우리가 어떻게 보이는지 당연히 잘 안다. 피부를 노출시키기 싫었으면 문신이나 피어싱을 고생스럽게 할 필요가 없다. 몸을 다 가리는 옷만 입는 여자들이 배꼽에 피어싱을 하거나, 허리 아래쪽이나 엉덩이 골 위에 문신을 할 리 없다.
>
> 집을 나설 때 우리가 뭘 입고 있는지 잘 안다. 거울이 있으니까. 다양한 모양이나 크기의 거울 앞에서 몇 번이나 확인하니까 말이다. 집밖으로 나올 때 뭘 입었고, 어떻게 보이는지 너무도 잘 알고 있다.

한 여학생은 "아빠가 저보고 '널 팔 것도 아닌데 왜 판다고 광고를 하고 다니니?'라고 묻곤 하셨죠."라고 썼다. **야구장에서 봤던 그 여성은 자신을 판매품으로 광고하고 있었다.**

~~~~~

지금의 젊은 세대만 단정한 옷차림에 반항한 것은 아니다. 그러나 밝히는 젊은 남자들, 옷가게, 대중문화, 그리고 우유부단한 부모들과 젊은 여성들 사이에 암묵적인 협의가 이루어진 것은 이번이 처음이다.

소년들은 반쯤 벗은 소녀들을 좋아한다. 대중문화는 야한 패션을 즐긴다. 옷가게는 야한 옷들로 옷걸이를 채우면서, 열두 살짜리의 가슴을 올려 주는 속옷까지 들이민다.

부모는? 부모는 자녀의 인스타그램이 무섭다. 부모는 자녀가 친구나 인스타그램의 전 세계인들에게, 자신들에 대해 불평하는 걸 원치 않는다고 달튼은 말한다.

"요즘 부모들은 술에 술탄 듯 물에 물탄 듯 우유부단하다. 자기 의견에 자신 없어 하며, 어른이라고 권위를 내세워 규칙을 만드는 일도 꺼려한다. 무엇보다 부모는 자녀의 친구가 되고 싶어 한다. **부모는 싸우지 않아야 자녀와 좋은 관계를 맺고 있다는 잘못된 생각을 하고 있다.**"

데이트 강간, 성병, 임신이나 다른 사람들남자애들과 중년의 남자들이 인스타그램에서 자기 딸에 대해 뭐라고 말할지 걱정하지 않는다.

어린 소녀가 어른의 보호에 의지할 수 있는 시대는 끝난 듯 보인다. 어린 소녀들은 나이에 맞지 않는 옷을 입을 수밖에 없다. 간단하게 말하겠다. 열두 살짜리가 스물두 살처럼 옷을 입으면 위험하다.
~~~~~

특히 십대 남자애들 머릿속에 뭐가 있는지 알기엔 열두 살 여자 아이는 너무 어리다. 아빠는 잘 알지만 그대로 두는 건 바빠서 그런 일까지 간섭할 시간이 없거나, 개인적인 판단을 내리지 않기 위해서거나, 아니면 다른 이유가 있을 것이다.

달튼은 다음과 같이 썼다.

> 동료 심리 치료사들에게 물어본 결과 모두가 동의했다. 요즘 부모들은 독재적이지 않다. 부모가 권위를 포기하자, 자녀가 대신 힘을 가졌다. 자녀는 성미가 급하고 화를 잘 낸다.
>
> 부모를 존경하지 않는다. 부모가 리더십을 보여줌으로써 아이들에게 존경심을 갖도록 하는 데 실패했기 때문이다.

이런 자녀가 "불공평해!"를 입에 달고 산다.

The Grammer of Success 24

비쩍 마른 몸은 아름답지 않고 아파 보일 뿐이다

할리우드는 비쩍 마른 몸에 열광했으며, 결과적으로 롤리팝룩이 탄생했다. 너무 마른 연예인의 경우 몸에 비해 머리가 커 보여 막대사탕 같다고 해서 생긴 용어다. 그러나 이런 피골이 상접한 모습이 정상적으로 보이거나 매력적이라고 여겨진다면 다시 생각해라. 매력을 정의하는 데에 기아, 폭식증, 위장 접합술, 쇠약증을 포함시킬 작정이 아니라면 말이다.

연예인의 몸을 보고, 실제 사람들의 몸도 그럴 거라 오해하지 마라. 이런 오해를 풀기 어려울지도 모른다. 여러분은 인류 역사상 처음으로 청소년기에 다른 이들의 벗은 몸을 직접 보지 못한 세대이기 때문이다. 여기서 핵심 어휘는 '직접'이라는 단어다.

마우스 클릭 한 번이면 수없이 쏟아지는 누드 사진을 볼 수 있다. 그러나 체육수업 후 같이 샤워를 하면서 학급 친구들의 벗은 몸을 볼 기회에서, 여러분은 보호받았다. 직접 본 다른 이들의 벗은 몸은 여러분이 감당하기에 너무 현실적이니 말이다.

항상 그랬던 것은 아니다. 부모님 세대만 해도 단체로 샤워하는 것이 자연스런 삶의 일부였다. 기본적인 위생을 강조했었기에 단체 샤워는 일상적이고, 상식적인 일이었고, 청소년들이 겪는 현실이었다. 샤워를 하지 않으면 냄새가 나는 게 당연하니 말이다.

단체로 샤워를 하면서 일찍부터 현실을 알았다. 그리고 다른 사람들의 몸이 완벽하지 못하다는 것을 배웠다. 애들마다 몸 크기도 다르고, 성장하고 있어서 계속 몸이 변한다는 것도 배웠다. 사실 이런 종류의 배움은 유용하다. 특히 어떤 몸이 정상적이고 비정상적인지 결정할 때 쓸모가 있다.

그러나 몇 년 전 학교를 경영하는 몇몇 비범한 분들께서 학생들이 얼마나 땀을 흘리고 악취가 나든 상관없이, 체육시간 후 샤워할 필요가 없다는 결정을 내렸다. 결과적으로 체육활동 후에 샤워하는 일이 사라졌다.

덕분에 운동이 끝나고 데오드란트나 바디 스프레이만 뿌린 채 버스를 타고 집으로 가야 하니, 가는 내내 냄새로 길고도 괴로운 하굣길이 된다.

~~~~~

여러분은 현실 세계의 벗은 몸과 분리되어 있다. 결국 인간의 몸에 대한 지식은 할리우드, 잡지, 인터넷과 같이 신뢰할 수 있는 자료를 통해서만 얻는다. 어른들은 많은 어린 여성들이 키이라 나이틀리영국 출신의 유명 여배우처럼 보이기 위해 그토록 집착하는 이유를 궁금해한다.

불행히도 수백만 명에 달하는 여러분의 또래들은 연예인이나 모델 같이 비쩍 마른 스타들을 보면서, 이들이 정상이라 생각한다. 나이 든 어른들은 그런 소녀들에게 밀크셰이크, 치즈버거를 먹여야겠다고 생각하지만 말이다.

매년 연예인들이 심하게 말라간다. 슈퍼모델 사이에서 평균에 속하는 모델이라도 보통 사람들 중 가장 마른 2%에 해당한다. 현실 세계에 사는 사람들은 그들을 보면서 말라야 한다는 강박관념을 느낀다.

그 결과 사이즈 제로 세계가 나타났다. 이 세계에서는 약 천만 명의 여성들과 백만 명에 이르는 남성들이, 부유하고 아름다운 이들의 마른 몸을 닮고 싶어 애쓰다 폭식증과 거식증으로 고통받고 있다.

그런데 이런 여윈 몸은 아름답지 않다. 한 유명한 여배우의 막대기 같은 팔, 눈에 보일 정도로 도드라진 갈비뼈, 그리고 뼈가 보이는 등은 섹시하지 않다. **아파 보일 뿐이다.**

장래가 촉망되는 이 젊은 여배우는 마릴린 먼로나 브리지트 바르도처럼 여성스러운 여신이 아니라, 나치 강제수용소에서 구조된 생존자
~~~~~

처럼 보인다. 마릴린 먼로와 브리지트 바르도는 자연이 여성을 어떻게 생기길 원했는지 보여준다몸의 곡선과 모든 것에서 말이다.

그러나 할리우드가 만들어낸 몸에 대한 이미지는 많은 여성들이 여자답게 보인다는 사실 때문에 불행하다고 생각하게 만들었다. 대중문화의 몸에 대한 가짜 이미지는 다른 가짜를 만들어낼 수밖에 없다. 예를 들어 생기가 넘치던 앵커우먼인 케이티 쿠릭은 자신의 몸에서 10kg 정도를 간단한 포토샵 작업으로 제거했다가 들통났다. 말라 보이길 원하는 스타들과 카메라가 만나면 거짓말을 자주한다.

드레스 라벨도 거짓말을 한다. 어른의 옷을 쇼핑할 때가 시작되면 한때 사이즈 8이었던 옷에 사이즈 제로라고 라벨이 붙어 있는 것을 볼 것이다. 물론 그 옷이나 그 옷을 입는 여성은 1인치도 줄지 않았다. 그저 좀 더 날씬하다는 느낌을 주려고 사이즈가 조정됐을 뿐이다.

그마저도 불충분했던지 어떤 상점들은 사이즈 더블 제로 옷을 내놓았다. 〈보스턴 글로브〉가 언급했듯이 이런 식으로 허영스러운 옷들이 계속 되면, 마이너스 사이즈가 나오는 것도 시간 문제일 것이다.

이건 또 무슨 뜻일까? 마이너스 사이즈 옷을 사는 여성들은 더 이상 몸이 실제로 존재하지 않는다는 말인가?

운동하면서 제대로 먹어, 건강을 유지하라. 가끔씩 먹는 치즈버거는 몸에 별로 나쁘지 않고 괜찮다.

The Grammer of Success 25

당신이 태어나기 전에는 부모님의 인생도 괜찮았다

부모님도 당신이 태어나기 전에는 지금처럼 따분한 분들이 아니셨다. 여러분처럼 재기발랄했다. 부모님이 그렇게 된 건 여러분의 인생을 뒷바라지해야 했기 때문이다.

자식을 먹여 살리기 위해 돈을 벌고, 교육비를 위해 저축하고, 방을 청소해 주고, 여러분이 얼마나 이상적인지 떠드는 걸 듣다 보니 지금처럼 따분해지셨다.

부모님 세대가 열대우림을 망친다고 분노하기 전에, 자기 방의 옷장 안이나 제대로 정리할 일이다. 자연 본연의 순수함이 공격받고 있다고 강의를 늘어놓는 젊은 이상주의자들이 온몸에 문신을 새기고, 피어싱을 하고, 자연이 의도한 바와 전혀 다르게 하고 다니는 건 모순이다.

텔레비전 애니메이션 〈사우스 파크〉에서는 이를 '잘난 척 경보'라고 불렀다. 온실가스 배출을 모형으로 만들어서 부모님을 도덕적으로 도왔다고 생각한다.

부모님은 일하고, 저축하고, 투자하고, 가족을 부양하며, 가장 생산적인 세월을 당신에게 쓰셨다. 그리고 지금도 여러분에게 잔소리를 해대는 데 귀한 시간을 쓰고 계신다. 누구랑 어디 가냐고 물어대면서 마치 몇 백 년 전 사람처럼 구는 것 같지만 말이다.

부모님이 시시콜콜 물어보는 게 짜증나더라도 잘 참고 대답해드려라. 부모님은 자녀가 25세에 어떤 사람이 될지 혹은 그 나이 때 뭔가를 성취할까 생각하신다.

언젠가 이런 부모님을 이해하고 감사해하는 날이 올 것이다. 부모님이 귀찮게 물어보지 않는다면, 나중에 왜 그러지 않았는지 궁금해 할 날이 온다.

젊은이들의 뛰어난 이상주의에 관해 한마디 덧붙이자면, 실제로 아무 일도 하고 있지 않을 때 세상에서 가장 쉬운 일이 이상주의를 품는 것이다.

기분이 나쁘다거나 부모님께 반항하고 싶은 마음은 이상주의와는 상관없고, 이런 마음이 지구를 구할 리 없다.

~~~~~

“걱정하면 우리는 중요한 존재가 된다.”라고 P.J. 오로크는 저서 《세계의 모든 골칫거리 : 인구 과잉, 기근, 생태학적 재난, 인종 혐오, 유행병, 가난의 밝은 면》에서 밝혔다.

> 걱정하는 것은 그 걱정거리를 바로 잡으려 행동하는 것보다 쉽다. 특히 걱정거리를 고를 때 가능한 한 큰 문제를 세심하게 선택할 경우 더욱 그렇다.
> 모두 사람들이 지구를 구하기 원한다. 그러나 아무도 엄마를 도와 설거지를 하고 싶어 하지 않는다.

이러한 태도는 ‘물의 상품화 반대’라고 쓰인 피켓을 들고 데모를 하던 이들에게서도 보인다.

오로크는 이렇게 썼다.

> 거의 모든 이들이 같은 브랜드 이름이 적힌 물병을 들고 있다. 그리고 미국 국기의 별을 기업 로고들로 바꿔 놓은 깃발을 흔든다.
> 기업 세계에 대해 대담한 발언을 해대던 한 아이의 경우는 아디다스에서 만든 신발을 신고, 마운틴스미스 백팩을 멨으며, 스위스 아미 시계를 차고 있었다.
~~~~~

'저연비 차량을 구체화시켜라'라고 적힌 판을 들고 시위하던 이들의 곁에는 그 이벤트에 참여하려고 타고 온 전세버스가 서 있었다.

예전에 〈뉴욕 타임스〉는 다음을 커버스토리로 다룬 적이 있다.

- 유행하는 티셔츠가 록음악만큼 선동적일까?
- 쿨한 로고가 성명서가 될까?
- 기이하고 새로운 물건을 사는 게 체제 전복적일까?
- 꿈만 꾸고 실천이 없는 이상주의가 젊음을 대표할까?

그렇지 않다.

체 게바라가 그려진 티셔츠를 사서 입을 경우도 마찬가지다. 그걸 입는다고 여러분이 혁명적이 된다거나, 특히 최첨단이 되는 것과는 거리가 멀다. 체 게바라는 벌써 50년 전에 죽은 사람이다.

전 우주적인 정의를 원하는가?

모든 잘못된 것들이 바로 잡히는 공명정대한 세상을 원하는가?

부유한 게으름뱅이들이 배상금을 내놓는 그런 세상?

희생자들이 정당한 대가를 받는 그런 곳을 원하는가?

나가서 돈을 벌어, 부모님께 새 집을 사드려라.

언젠가 내가 자라

학교를 졸업하고 직장을 구하면,

원하는 방식으로

나의 인생을 살아갈 것이다.

언젠가 주택 담보 대출을 모두 갚고,

경제적으로 여유가 생기고,

아이가 자라면 새 차를 사서

해외여행을 갈 것이다.

언젠가 은퇴할 나이가 되면

멋진 캠핑카를 사서

전국을 여행하며 즐길 것이다.

언젠가…….

_ 에드 포맨, 〈언젠가 신드롬〉

The Grammer of Success 26

언제 진짜 어른이 되는가

과거 세대는 베링 해협을 횡단하고, 희망봉에 오르고, 신세계를 발견하고, 오리건 철로로 여행하고, 에베레스트를 오르고, 남미의 열대우림 지역으로 뛰어들고, 호주의 그레이트 배리어 리프나 남극을 탐험하고, 달에 착륙했다.

반면 요즘 젊은이들에게는 독립했다가 다시 엄마 품으로 돌아간 것이 가장 위대한 개척 여행이다.

'이머징 어덜트emerging adult', '트윅스터twixster', '키덜트kidult' 등의 단어는 아이도 아니고 어른도 아닌 사람들을 미화하는 신조어다. 칭찬하는 말이 아니니 오해하지 마라.

이들은 이십대 후반인데도 진짜 어른 세계로 들어갈 준비를 못한 채 성장을 거부하고 성인이 되길 미루고 있는 세대다. 이른바 '부메랑들 독립했다가 부모 집으로 다시 돌아와 사는 18세에서 34세 사이의 성인 아이들'의 수가 1970년대보다 50% 증가했다.

인구조사에 따르면 18세에서 24세 사이의 남자들 중 56%와 성인의 43%가 부모와 함께 산다. 스스로 돈을 벌 나이가 넘었는데도 여전히 부모에게 경제적으로 의존한다.

그러나 언젠가는 부모님 집에서 나와야 한다. 혼자 살아야 할 날이 온다는 소리다.

과거의 십대들은 하루라도 빨리 집을 나와 자기만의 공간, 자유, 독립을 원했다. 그러나 요즘은 사정이 달라졌다. 최근 몇 십 년간 사회과학자들이 젊은이들이 성인되기를 미루고 있는 이유를 밝히려 노력했다.

많은 젊은이들이 청소년기와 독립할 시기 사이에 존재하는 암흑기에서 서성거리고 있다. 이런 이유로 인구통계 학자들은 성인기에 대한 정의를 다시 내려야 했다. 미국사회연구협회의 간행물에 성인기로 가는 기간이 길어진 현상을 연구한 사회과학자팀의 글이 실렸다. 그들은 오늘날 성인이 되는 시기가 과거 몇 십 년 전보다 훨씬 길어졌다고 결론 내렸다.

1960년에서 2000년까지 인구조사 수를 비교한 결과, 성인이 됐음을 알려 주는 전통적인 조건을 완수한 20세 혹은 30세 청년들의 비율이 상당히 감소했다 전통적인 조건이란 부모 집에서 나오기, 학교 졸업하기, 경제적으로 독립하기, 결혼, 아이 갖기다.

1960년대는 30세 여성 77%, 남성 65%가 성인이 되기 위한 다섯 가지 조건을 충족시켰다. 반면에 2000년대는 이 다섯 가지 조건을 충족시킨 여성은 46%, 남성은 31%에 불과했다.

성인기에 대한 좀 더 현대적인 정의를 적용시켜 결혼과 자녀 항목을 제외시킨다고 해도 여전히 성인이 된 여성과 남성의 수는 과거에 비해 많이 감소했다.

30세에 부모 집에서 나온 남성들 중 경제적으로 자립하고 학교를 졸업한 경우는 1960년보다 12% 감소했다. 30세까지 자립한 여성들의 비율은 10%까지 내려갔다.

조사에 참여한 사회학자들은 성인기의 '평균' 나이를 높여야 하며, 청소년에서 성인기로 전환되는 기간을 늘려 주면서, 젊은이들을 도울 방법을 찾아야 한다고 결론 내렸다.

그러나 이는 여러 해결책 중 하나일 뿐이다. 또 다른 해결책으로 다 자란 청년들이 어른이 되길 거부하는 건 뭔가 상당히 잘못되었음을 인지하고, 우리가 아이들을 성인 세계에 대비하게 돕는 방식에 대해 의문을 제기해 보는 것이다.

청소년기에서 성인기로의 전환이 지체되는 것을 경제 탓으로 돌리기도 한다. 요즘은 학교를 졸업한 후 바로 직업을 구하기 힘들어졌다. 맞는 말이다. 그러나 2차 세계대전을 치른 후 대학 학자금을 원조받은 과거 세대들을 생각해 보라. 이들도 경제적으로 어려웠지만 성인으로 성장했다.

부모님 세대처럼 이들도 케이블 텔레비전은커녕 자기 방이나 집안에 화장실이 없는 경우도 많았다. 그러나 이들은 성인이 됐고, 부모와 함께 사는 경우는 나이 드신 부모를 모시기 위함이었다. 그 반대 경우가 아니라는 말이다.

경제적인 이유는 구실이며 서투른 변명일 뿐이다. 키덜트가 부모 집에 얹혀살면서 엄마에게 자기 빨래까지 시키는 건 시대가 힘들어서가 아니라 편하게 살기 위해서다. 집에서는 아무도 명령을 내리지 않는다. 부모 울타리 속에서 자란 아이들이 법적으로 성인이 됐다고 부모 품을 떠날 이유는 없지 않은가?

여태 자기 마음대로 살아온 따뜻한 둥지를 왜 떠나겠는가? 경제적으로 자립하면 스포츠카를 몰 수나 있겠는가? 아침은 누가 만들어주겠는가? 양말은 누가 개고, 설거지는 누가 해주겠나?

～～～～～

29세의 대학생인 조니 레흐너는 성인이 되길 거부하는 세대의 롤모델이다. 그는 13년간 대학생으로 지냈고, 게으름뱅이들의 왕으로 유명인사가 됐다.

그의 이야기는 전국적으로 기사화됐다. ABC TV의 〈굿모닝 아메리카〉, 데이비드 레터맨의 〈더 레이트 쇼〉, 〈인사이드 에디션〉 등 TV프로그램에 출연했다. 또한 에너지 드링크제 회사와 유명 패러디 잡지인 〈내셔널 램푼〉과도 광고 계약을 체결했다.

그의 침실 벽에는 대학 사교클럽 사진, 할로윈 파티와 봄방학 때의 사진들이 덕지덕지 붙어 있다고 〈밀워키 저널 센티넬〉은 기사에 썼다.

레흐너가 너무 오랫동안 대학을 다니자, 위스콘신 대학은 165학점 이상 수강한 학생들 혹은 졸업학점보다 30학점을 더 딴 학생들의 경우 대학 등록금을 두 배로 내도록 학칙을 변경했다. 2005년과 2006년 학기말 레흐너는 250학점을 땄고, '조니 레흐너 법'이라는 이름으로 책임 회피자에 대한 세금이 부과됐다.

레흐너는 자기 상황을 유감스러워 하지 않았고 오히려 자랑스러워 했다.

"술집에서 만난 열여덟, 열아홉, 스무 살짜리 여자애들이 제게 작업을 걸어요."

신문은 다음과 같이 기사를 썼다.

"소녀들뿐 아니라 식료품점 직원도 그의 이름을 다 안다. 그를 모방하고 싶어 하는 대학생들이 그를 추종하고 있다."

식료품 직원들 사이의 유명인사, 그것 이상 더 좋은 게 있을까?

아마 없을 것이다. 조니 레흐너는 이미 정점에 도달했는지 모른다. 그래서 문제다.

많은 학생들이 나이든 레흐너를 실패자로 여기면서, 그의 우스꽝스러운 모습을 보는 걸 참지 못하고 있다. 스물여섯 살짜리 게으름뱅이는 매력적일지 모르지만, 서른 살이 넘어서 여전히 파티나 즐기는 사람은 받아들이기 힘들다.

그 대학 학생신문 편집자가 말했다.

"레흐너는 점점 나이 들고 있다. 나머지 학생들의 사리 분별력을 위해 레흐너는 학교를 떠나야 한다."

레흐너도 이 점을 알고 있다. 그가 만든 웹사이트의 인기는 졸업에 실패할 때마다 증가했고, 식료품 직원들 사이에서 신과 같은 지위를 얻었다.

즉 그가 비집고 들어갈 틈새시장을 발견한 것이다. 졸업하면 이 모든 인기는 사라지고 아무런 이득도 없다. 특별한 기술이 없으니 나이만 먹은 인생의 실패자가 될 뿐이다.

지금은 레흐너에게 동지가 많다. Y세대 직업훈련 코치인 J.T. 오도넬은 레흐너처럼 어른이 되지 못하는 청년들이 늘고 있다고 지적하면서, 이런 현상을 '커리어 위기 증후군'이라 이름 붙였다. 응석받이에다 세상 모든 것을 자기 것으로 여기는 아이들이 이 증후군에 시달린다. 기대감에 부풀어 있던 아이들은 성인이 된 후 변화를 겪으면서 상당한 충격을 받는다.

"원하는 것을 뭐든지 바로 얻었던 우리 아이들은 온갖 종류의 뇌물을 사용해 잘 타일러야, 겨우 우리가 원하는 행동을 해줬다. 기대되는 행동을 했을 때 주는 선물, 칭찬, 스티커, 성적 등의 보상물을 받는 데 익숙하다."라고 오도넬은 말한다.

성장해서 직업을 얻고 혼자서 살면 무슨 보상이 있을까?

노골적인 비난을 받지 않는다는 보상을 제외하고 말이다. **35세가 돼서도 어린 시절을 보낸 방에서 사는 인생의 실패자 혹은 애처로운 마마보이가 되는 불명예를 피할 수 있다는 건 어떤가? 그 정도면 충분한 보상이 아닐까.**

다시 부모 집으로 들어가면 피할 수 없는 책임을 잠시 미뤄 둘 수 있다. 그러나 성인기와 책임이라는 놈들은 부모 집 밖에서 호시탐탐 기회를 노리면서 때를 기다린다. 게으름 피울 수는 있어도 영원히 부모 울타리 속에 숨지는 못할 것이다.

The Grammer of Success 27

스스로 책임져야 진짜 어른이다

어떤 경우도 부모님의 잘못이 아니다. 당신이 곤경에 처한다면 그건 당신의 잘못이다.

고등학교를 졸업하면 어른으로 대접받는다. 그리고 인생은 당신 것이다. 자기의 인생을 놓고 부모님에게 징징대다가는 영원히 어린애 취급을 받을 것이다.

자기 문제를 다른 사람 탓으로 돌리는 습관은 쉽게 굳어져 없애기 힘들다. 자기 잘못을 모두 다른 사람의 탓으로 돌리는 것은 그럴 듯한 핑계거리를 대면서 희생자인 양 구는 신경증의 초기 증상이기도 하다.

베이비붐 세대는 역사상 가장 애지중지하게 길러졌고 응석받이로 자란 세대다. 자기 멋대로 굴면서 응석이나 부리고 버릇없게 굴었다. 경제 대공황을 극복할 필요도, 세계대전에서 이길 필요도 없던 베이비붐 세대는 실망감과 불충분한 점을 모두 부모 탓으로 돌렸다.

이들은 부모님 세대에 반항했을 뿐 아니라 '지독한 양육'이라는 개념을 성장 산업으로 바꿔 놓았고, 상호 의존관계에 관한 이론을 세웠으며, 삶에서 겪은 많은 증상들을 열 살짜리가 조랑말이나 배우 포스터를 갖지 못하면 겪을 행동양식, 장애, 정신질병으로 바꿔 놓았다.

어른이 되면 자기 인생을 스스로 책임져야 한다. 물론 부모님이 지금 여러분의 모습에 영향을 끼쳤지만, **어른이 된 후에는 부모님이 아니라 여러분이 선택을 했다. 이 말을 이해 못한다면 아직 어른이 아니라는 소리다.**

어른이면 스스로 책임져야 한다는 말을 이해하지 못하는 그룹이 바로 '헬리콥터 부모'다. 이들이 최근 대학 직원들을 상당히 괴롭히고 있다고 한다.

'헬리콥터 부모'란 다 자란 아이들 곁을 맴돌면서 수시로 점검하고, 작은 일까지 꼼꼼하게 챙겨 주면서, 기숙사 방부터 수강신청까지 간섭하다 보니 붙은 명칭이다. 몇몇 캠퍼스에서 헬리콥터 부모들의 간섭이 심해지자, 학교 당국은 이런 부모들을 떼어놓기 위한 특별 프로그램을 만들 정도였다.

헬리콥터 부모들의 실패를 인정하고 있는 셈이다. 이 부모들은 카운슬러, 지도 교사, 조교들이 가득한 대학이라는 환경에 자녀를 보내면서, 스트레스 청정 지역인 가족이라는 울타리 밖으로 나가면 아이가 힘들게 고생할 거라 생각한다.

자녀들을 파란만장한 세상으로 나가도록 준비시키는 대신 헬리콥터 부모들은 과보호의 극치를 보여주면서, 현실 세계에 비하면 쉽게 인정을 해주는 대학에 들어간 아이들 곁을 맴돌고 있다.

물론 대학에서 아이들은 좌절감을 느끼고, 관료적인 실수를 겪거나, 과목을 잘못 선택하고, 끔찍한 룸메이트를 만날 수 있다. 이런 문제들은 젊은이들이 만나는 첫 번째다소 약한 현실 경험인 셈이다.

역사학자인 피터 스테언스는 말한다.

"특히 중산층 부모일수록 자녀가 어려움을 겪으면, 실수하면서 배우도록 기다려 주지 않고 당장 달려가 도와준다. 자녀를 버려두라는 게 아니라, 자녀 스스로 헤쳐 나가도록 좀 더 믿어 줘야 한다."

혼자서 교직원을 상대 못하거나 수업 계획도 제대로 세우지 못한다면, 부모님이 여러분을 제대로 키우지 못했다는 소리다. 어른으로 자라지 못했다는 뜻이기도 하다.

책임감 있는 부모는 자녀가 스스로 삶을 헤쳐 나가도록 준비시킨다. 헬리콥터 부모는 자녀를 내버려두지 않는다. 베닝턴 대학의 심리학 교수인 데이비드 안더레그는 과도하게 자녀 문제에 신경 쓰는 헬리콥터 부모를 다뤘다. 이들은 자녀를 대신해 모든 결정을 내려 줘야 한다고 생각한다.

갓난아기 뱃속에 가스가 차면 두들겨 트림을 시켜 줘야 좋은 부모다. 그러나 열 살짜리 아들에게 문제가 생겼을 때 부모가 직접 일일이 해결해 줄 필요는 없다.
아들을 앉혀 놓고 어떻게 할지 생각해 보도록 시키면 된다. 어느 정도 어려움을 견디다 보면, 그 문제 때문에 세상이 끝나지 않는다는 걸 아들도 깨닫는다.

휴대전화 때문에 상황이 더 심해졌다. 휴대전화는 헬리콥터 부모와 걱정 많은 아들딸을 연결해 주는 영원한 탯줄이 되었다. 젊은 세대가 부모에게 영원히 의존할 수 있게 도와줄 하이테크 탯줄인 셈이다. 과거 세대들은 부모가 중요시하는 것들을 습득하고, 현실을 살아가고 무언가를 선택할 때 이를 어떻게 적용할지 배웠다.

그러나 안더레그 교수는 말한다.

"휴대전화를 가진 아이는 뭘 해야 할지 고민할 필요 없다. 아이들은 '엄마나 아빠한테 전화해'라는 말부터 배운다."

헬리콥터 부모는 직장에까지 출몰해 다 큰 어른이여기서는 몸만 컸다는 뜻이다 된 자녀 대신 회사에 전화하거나 취업 인터뷰 자리에까지 나타난다고 기업체들이 밝혔다.

어떤 매니저는 '가미가제 부모'라는 이름을 붙였다. 가미가제 부모는 학생 지도상담 선생님을 위협하고, 입학 관리처 직원들을 괴롭히고, 맛없는 라테를 만든 스타벅스 직원을 때려눕힌다.

"스물두 살짜리 직원의 부모 전화를 받고 입이 떡 벌어졌죠."라고 한 매니저가 〈월스트리트 저널〉에 말했다. 취업 인터뷰 중 미래의 고용주에게 "부모님과 상의하고 전화드릴게요."라고 말하는 경우도 있다.

슈퍼 헬리콥터 부모가 전달하는 메시지는 이렇다.

'당신은 내 아들딸의 판단을 믿어선 안 돼요. 저도 못 믿으니까요.'

자녀를 도와주는 것이라 생각할지 모르지만, 스무 살이 넘은 자녀가 인생 문제를 스스로 해결할 정도로 독립적이고, 자신감 넘치게 기르지 못했다는 걸 부모도 알고 있다는 소리다.

인생의 승리자가 되려면

반드시 책임지는 사람이 되어야 한다.

과거에 머물러서,

그 과거가 지금 당신을 지배하게 놔둔다면

결코 성장할 수 없다.

분명 사람들에게는

저마다 지닌 장점들이 있다.

다만 그것을 찾으려고 노력하지 않을 뿐이다.

우리는 살아가면서

자신에게 질문을 던져야 한다.

"나는 열정과 용기를 가진 사람인가?"

"나는 능력을 키우기 위해 어떠한 노력을 하고 있는가?"

만약 이 질문에 자신 있게 대답하지 못한다면

다시금 힘차게 시동을 걸어야 한다.

능력은 과거의 시간을 뛰어넘는 힘에서 출발하니까.

_ 오프라 윈프리

The Grammer of Success 28

인생이라는 경기는 스포츠보다 더 독하다

피구공이 날아온다. 피구는 민첩함과 기술이 요구되는 운동 경기다. 경기 결과는 예측이 불가능하다. 약자가 강자를 이길 때도 있다. 탈락자가 생기고 승자와 패자가 나온다.

한동안 학교 체육시간은 명상운동의 유행에 저항하는 마지막 보루였다. 그러나 십 년 전 〈뉴욕타임스〉 기사에 경쟁이 사라지고 협동이 그 자리를 대신하는 새로운 체육수업으로 소개됐다.

어떤 아이도 마지막에 선택되는 일이 없도록, 아예 짝지어서 하는 운동을 수업에서 뺐다. 탈락자가 나오는 운동 경기에도 걱정스런 눈초리가 쏟아졌다.

아동 전문가 톰 리드는 **"선수로 뽑히거나 경쟁에서 탈락하는 일은 삶**

에서 늘 일어나는 일이다. 인생은 항상 공평하지만은 않다."라고 지적한다. 그러나 우리의 교육계에 종사하는 유모들 생각은 다르다.

젊은이들을 겁쟁이로 만들고 있는 현실을 가장 적나라하게 보여주는 예가 바로, 강자만이 살아남는다는 다윈식 개념이 드러나는 운동을 금지시킨 것이다.

목표물인 다른 팀 학생들을 겨냥해 공을 던져서 맞히는 피구라는 운동은 교육계에 종사하는 현대판 유모들을 깜짝 놀라게 했다. 여태까지 피구를 아이들에게 해로운 운동이라 생각한 적은 없었다.

폭력이 폭력을 낳는다는 주장을 펼치던 버지니아주 페어팩스의 '폭력활동에 저항하는 소녀들의 모임'은 결국 학교 체육시간에 피구 경기를 완전히 제거했다.

이 단체는 학교에서 아이들이 죽는다거나 탈락됐다는 단어를 사용하는 활동을 금지해야 한다고 단호하게 주장한다. 그냥 경기일 뿐인데도 절대 안 된다고 말한다.

체육 교육을 설립한 조직조차 피구를 공격할 정도였다. 스포츠와 체육 교육 국가연합 역시 피구 경기에 반대한 것이다. 이 연합은 체육교사를 다른 과목 교사처럼 바보로 만들면, 교사로서의 입지가 튼튼해질 거라 생각했나보다.

연합 회장인 쥬디스 영은 이렇게 주장했다.

"피구는 적절한 체육활동이 아니다. 탈락자가 나오고 실력이 부족한 아이들은 무시당하기 때문이다."

매사추세츠주 케임브리지의 토빈 초등학교 체육 교사인 토마스 머피는 〈보스턴 글로브〉와의 인터뷰에서 말했다.

“누군가 던진 물건에 맞으면 화가 나서 던진 사람에게 복수하려 들잖아요. 힘이 센 애가 공에 맞으면 공 던진 애를 때려눕히려 들죠.”

~~~~~

그러나 콩코르디아 대학의 인간행동학과 교수 데니스 도체프는 경고한다.

“오늘날 아이들을 폭력적으로 만드는 원인은 워낙 많기 때문에 감히 피구 경기가 낄 자리 따윈 없다. 피구를 한다고 해서 갱단 멤버가 돼 차 타고 가며 총을 쏴대고, 가택 침입과 도둑질을 하게 되는 건 아니지 않는가.”

다른 전문가들은 아이들의 감정에 초점을 맞췄다. 델라웨어 대학의 로버트 크라프트 교수는 이렇게 걱정했다.

“피구 경기에 선수로 못 뛰는 아이들은 자아상과 소속감을 어디서 얻겠는가?”

이스턴 코네티컷 주립 대학 교수 닐 윌리엄스는 〈체육 교육 저널〉에 기고한 글에서 피구를 술래잡기나 의자 뺏기 놀이와 함께 체육 교육의 수치라고 주장했다. 윌리엄스 교수는 이런 게임들의 고수들은 약한 애를 괴롭히면서 오히려 칭찬을 받는다고 보았다.
~~~~~

피구 경기에 퍼붓는 공격을 보고 〈스포츠 일러스트레이티드〉의 칼럼니스트 릭 레일리는 질문을 던진다.

"세상에 약자가 존재하는가? 혹은 강자가 존재하는가? 당연히 존재한다. 피구를 통해 자신이 어느 쪽인지 알고 이에 대처할 방법을 생각할 수 있다."

레일리는 칼럼에서 이렇게 썼다.

> 내셔널 퍼블릭 라디오 방송을 들으면서, 스타벅스 커피를 마시는 부모들이 원하는 건 한 가지다. 모두 함께 두부를 나눠 먹고, 빨간 머리 소녀와 나쁜 늑대가 친구로 지내며, 경쟁이 없고 포근한 엄마 품 같은 세상에서 자녀들이 자라길 바란다.
>
> 그러나 자녀들은 현실 세계에 들어가면 그 속에서 휘청대다 깨닫는다.
>
> **'아, 세상에는 강자와 약자가 존재하고, 팀과 편이 있고, 승자와 패자가 있구나.'**

한 번의 성공은 운일지 몰라도
계속되면 실력이다.
한 번의 관심은 호감일지 몰라도
계속되면 진심이다.

한 번의 도전은 치기일지 몰라도
계속되면 용기다.
한 번의 발걸음은 지워질 발자국을 남기지만
계속되면 길이 되고,
한 번의 비는 지나가는 소나기지만
계속되면 계절이 된다.

한 번은 쉽고 계속은 어렵지만
삶을, 세상을 바꾸는 것은
계속되는 그 무엇~
그러니 멈추지 말고 나아가길~
가장 큰 힘은 계속 되는 것 안에 있다.
_ 김은주, 〈KEEP WALKING〉

The Grammer of Success 29

편향에서 벗어나, 자기 생각을 표현하는 법을 배워라

생각에는 결과가 따르는 법이다. 진지하게 생각해라. 그러나 가벼운 감정주의가 만연한 현 세대에게 이는 쉬운 일이 아니다. 요즘 직선적으로 생각하는 건 큰일날 행동이다.

G.K. 체스터튼은 "사람들이 신을 믿지 않을 때 그들이 아무것도 믿지 않아서가 아니라, 아무거나 다 믿어서 문제다."라고 말했다. 사람들이 생각하는 법을 잊어버렸을 때도 같은 문제가 생긴다.

생각하는 법을 잊은 이들은 성 디디무스의 음경 포피가 치유력을 가졌다고 믿거나, 외계인 우주선이 헤일 봅 혜성 뒤에 정차해 있다고 믿는다사이비 종교인 헤븐스 게이트의 교리다. 9·11테러 사건의 음모론이나 O.J. 심슨의 무죄론, 심지어 마돈나가 연기를 할 수 있다는 것까지 믿는다.

직선적으로 생각하는 법을 잊어버린 사람들은 무방비 상태로 떠돌아다니다, 일시적인 유행의 바람이 불면 그대로 공허한 주장을 쫓아 날아간다. 이런 사람들은 자격증을 가진 돌팔이들, 낭만적인 낙관론, 그리고 과학으로 치장한 말들의 먹잇감이자 봉이다.

공포스러운 연구 결과들은 매체나 대중들을 벌벌 떨게 만들다가, 6개월 후 거짓으로 판명되거나 확대 해석됐음이 밝혀지곤 한다.

~~~~~

여기에 요즘 유행하는 개인적 판단을 금지하는 사상이 더해질 때 더 큰 문제가 생긴다. 이 사상의 기본 원칙은 모든 가치는 상대적이라서 무엇이 좋다, 나쁘다고 말할 수 없다는 것이다. 모든 사람의 관점이 유효한데, 누가 누구를 판단하겠는가?

이런 사상이 유행하는 요즘 세계에 판단을 내리는 행위는 가장 큰 죄악원죄이며 절대 용서받지 못할 죄이다. 그러나 이것은 거짓말이고 비겁한 핑계일 뿐이다. 예를 들어 어떤 의견이 다른 의견보다 더 유효하다 말할 수 없다는 주장은 말 그대로 하나의 의견일 뿐이다.

'절대적인 것은 없다'는 주장은 그 자체가 절대적인 주장이다. 그리고 나태한 주장이다. 사람들이 자신의 생각이나 주장에 대해 심사숙고할 필요를 없애 주기 때문이다.

자기 생각보다 더 나은 생각이 없다면, 그걸로 끝 아닌가? 논쟁이
~~~~~

무슨 필요가 있겠는가? 생각은 더더욱 할 필요 없지 않겠는가?

개인적 판단을 피하자는 상대주의와 관련해 또 다른 문제가 있다. 실제로 이 상대주의를 믿는 사람이 아무도 없다는 것이다.

"내게 사실이라도 당신에겐 아닐 수 있겠죠."라거나, "내가 옳다고 생각한다고 다른 사람도 옳다고 여기지는 않겠죠."라고 말하는 사람들을 만날 것이다. 그러나 조금만 추궁해 들어가면, 이런 사람들 역시 무언가를 믿고 있다. 물론 개인적인 판단을 금하는 사상에 입각해서지만 말이다.

그럼 르완다의 대량 학살에도 상대주의가 적용될까? 대량 학살은 잘못된 선택이었는가, 아니면 어떤 사람 입장에서는 합법적 선택이었는가?

여성의 기본권을 무시하는 문화는 어떤가? 나치의 수용소는? 우크라이나를 진압하기 위해 식량 공급을 중단한 스탈린은 어떠한가? 스페인의 종교 재판은? 흑인들에게 폭력을 행사하던 남부는?

상대주의가 적용되지 않는다고 대답한다면 이유는 무엇일까? 개인적인 선호도라 대답할 텐가? 그러나 도덕적인 기준이 없는 상태에서 개인적인 선호도에 따라 대답했다면, 자신의 선택이 다른 사람의 선택보다 우월하다는 건가? 우리가 누구이기에 그렇게 말할 수 있을까?

다른 방식으로 기도한다는 이유로 죽이는 것보다 종교의 자유를 보장해 주는 것이 더 나은 일인가? 여성을 노예처럼 취급하는 것보다 남녀평등 사상이 더 나은가?

남아프리카공화국의 인종차별 정책보다 인종평등 정책이 도덕적으로 더 우월한가? 더 우월하다면 왜일까?

~~~~~

상대주의를 회의주의나 포용주의와 혼동하지 마라. 회의주의와 포용주의는 진정한 답을 찾으려는 태도에서 나온다. 질문을 던진다는 건 답이 무엇인지 몰라도, 옳은 답과 틀린 답이 있다는 뜻이다. 반면에 상대주의는 절대적으로 옳고 그른 것은 없으며, 모든 가치가 상대적이라고 주장한다.

그 주장이 맞다고 가정한다면 그러니까 더욱 높은 도덕 원칙을 주장하지 않고, 모든 사람의 의견을 동등하게 여기면서, 아돌프 히틀러보다 마틴 루터 킹 주니어의 도덕성이 우월하다는 걸 보여줄 객관적인 근거가 없다고 한다면, 사람들마다 관점이 다를 경우 이를 해결하기 위해 힘을 이용할 수밖에 없다.

절대 다수가 소수에게 자신들의 의견을 강요하든, 아니면 소수가 다수에게 강요하든 둘 중 하나다.

다문화주의자들은 문화마다 가치 체계가 다르다고 지적한다. 한 문화의 가치 체계가 다른 문화의 가치 체계보다 우월하다고 말해서는 안 된다고 주장한다.
~~~~~

그러나 문화마다 옳고 그름에 대한 의견은 달라도, 일단 선과 악이 존재함에는 모두 동의한다. 정도에 대한 의견이 다를 뿐 내용물에 대한 의견은 같다. 하지만 정직, 공평, 용기, 자기조절, 신념, 희망, 자선을 '악의 개념'으로, 거짓말, 속임수, 도둑질, 배신, 중독, 절망, 미움을 '선의 개념'으로 보는 사회를 생각해 보라. 상상도 못할 것이다.

지금까지 어떤 사회도 도덕 가치를 개인의 의견이나 선택의 문제라고 생각하지 않았다. 그런데 현대 사회가 그렇게 생각하고 있다. 여러분은 이런 사고방식을 그대로 받아들일 필요 없다.

우선 자기 생각을 표현하는 법부터 시작하자. 눈을 굴리고 능글맞게 웃으면서 "그러든지 말든지 상관없어요."라고 중얼거리는 것은 재치 있거나 논리 정연한 대답이 아니다.

자기와 다른 의견이나 정책 혹은 종교를 가진 사람에게 대꾸하지 말라는 소리가 아니다. 다른 사람의 생각에 동의하지 않는 경우, 자기만의 주장을 펼쳐라. 그리고 주장의 정당함을 입증해라.

단, 느낌을 말하는 건 주장이 아니다. 또한 상대방을 모욕하는 단어를 사용하는 건 주장하는 게 아니다. 상대방을 무슨 주의자라고 부르면서 격하시키는 건 논리적인 주장과 거리가 멀다.

객관적 사실, 논리, 이성, 그리고 직선적인 생각으로 자신의 주장을 증명하라. 상대방의 생각을 크게 동요시킬 것이다.

The Grammer of Success 30

거짓말하는 착한 사람이 되지 마라

사람들은 옳고 그른 것을 저절로 알지 못하며, 느낌이 도덕적 행동을 하는 데 도움을 줄 가능성은 식욕이 고급 수학 문제를 풀게 도와줄 가능성보다 적다.

헨리 루이스 멩켄은 양심을 '끊임없이 방문하는 시어머니'라고 표현했다. 이 말에는 시어머니가 있다, 양심이 있다, 옳고 그름의 차이를 알고 있다는 것을 전제로 한다.

그러나 오늘날 버블랩 세대는 옳고 그름의 차이를 배우지 못했다. 개인적 판단을 금하는 사상이 신성한 원칙이 됐기 때문이다. 윤리는 가르쳐 줘서 아는 게 아니라, 스스로 발견하는 것이 됐다.

이 접근 방식은 역사가 진행되는 동안 전 세계 문명인들 중 누구도 후세에 물려줄 만한 도덕적 행동을 하지 않았다는 환상적인 이론에 기반했다. 따라서 중학교 1학년생이 자신만의 윤리를 찾도록 내버려 둬야 한다.

파란색 대신 빨간색 스웨터를 골라 입듯, 도덕적 선택을 개인적 취향의 문제로 취급했다. 옳거나 틀린 답은 존재하지 않으며, 어떤 이의 선택이 다른 이의 선택보다 낫다고 말하지 못한다. **개인의 판단에 맡기자는 생각은 편리하고 쉽지만 도덕적이진 않다. 단지 합리화시키기 좋을 뿐이다.** 대부분의 사람들은 자기합리화의 달인들이다.

한 연구 결과에서 이는 여실히 드러난다. 연구에 참여한 2만 5,000명의 고등학생 중 많은 수가 부정행위, 도둑질, 거짓말을 꽤 많이 저질렀지만 스스로의 도덕성, 성격, 신뢰도 면에서 높은 점수를 줬다.

조셉슨 도덕성 연구기관이 진행한 이 조사에서 고등학생의 3분의 2 62%가 시험에서 부정행위를 해봤고, 4명 중 1명꼴 27%로 지난 1년간 상점에서 물건을 훔쳤다고 대답했다. 40%의 학생들이 돈을 모으려고 가끔 거짓말한다고 대답했다.

그러나 자신의 도덕성에 대한 자부심만은 모두 일등이었다. 거의 모든 학생들 98%이 정직성을 갖춘 사람이 되는 것이 중요하다고 대답했지만, 거짓말이나 부정행위를 했다고 인정하면서도 자신의 도덕성과 성격에 만족한다고 대답한 학생들이 92%에 달했다. 학생들 중 4분의 3 74%은 친구들보다 자신의 도덕성이 더 높다고 대답했다.

~~~~~

조셉슨 도덕성 연구기관의 마이클 조셉슨 기관장은 이렇게 말했다.

"다음 세대의 경찰, 정치가, 회계사, 변호사, 의사, 핵조사원, 기자가 될 젊은이 대다수가 자기 죄를 뉘우칠 줄 모르는 사기꾼이라는 사실은 매우 걱정스러운 일이다."

조셉슨 도덕성 연구기관은 청소년들의 정직하지 못한 행동과 독선적인 자신감이 분리된 원인을, 상당한 수준의 냉소주의 탓으로 분석했다.

남학생 중 3분의 2는 현실에서 성공한 사람들이 성공을 위해서 다른 사람들이 속임수라고 여기는 일들까지도 한다고 대답했다. 여학생 중 절반 이상52%이 이에 동의했다.

어떤 설문조사에서는 상당수의 청소년이 **"1억이 생긴다면 잘못을 하고 1년 정도 감옥에 들어가도 괜찮다."**라고 답했다. 돈을 중요시하는 배금주의가 청소년 사회에 만연한 것이다.

현실을 직시하자. 현실 세계에서 부정행위나 거짓말을 하면 불명예스러운 평판을 얻는다. 그리고 경력, 인생, 미래를 망친다. 가족, 집, 직업, 자유마저도 빼앗길 수 있다. 온갖 도움을 주는 전문가들에게 아무리 열심히 상담을 받았어도 여러분을 믿을 수 있는지 아닌지부터 판단받을 것이다.

'쓰레기를 집어넣으면 쓰레기가 나온다'는 원칙은 먹는 것뿐 아니라,
~~~~~

우리가 듣고 보는 것에도 적용시켜야 한다.

지방이 적고 당분이 없는 음식과 채소나 유기농 식품만을 먹으려 애쓰는 사람들이 온갖 쓰레기를 머릿속에 넣고 있는 모습은 정말로 아이러니하다.

대량살상을 명예롭게 여기는 폭력적인 비디오게임, 온갖 욕설로 가득한 랩음악을 통해 우울함, 음침함, 그리고 폭력을 계속 섭취하면 뇌세포까지 영향을 받는다.

결국 대중문화 속의 증오와 절망감이라는 독이 머릿속에 가득 퍼질 것이다.

Tips 벤 벤스 돈의 문법

돈에 대해 말하기를 꺼리면, 돈과 더욱 멀어진다!

"돈 이야기를 꺼내는 것은 교양 없는 태도다."라는 말이 옳다고 생각하며 무례한 사람으로 보이는 것 또한 원치 않는다면, 당신은 누구와도 돈에 관해 이야기하지 못하게 될 것이다. 돈 이야기가 예의 바른 사람이 꺼낼 화제로는 적합하지 않다는 이유로 계속 피한다면, 당신은 점점 돈과 멀어지게 된다.

돈을 화제로 한 대화를 이해하지 못하는 사람이 어떻게 돈에 정통할 수 있겠는가?

보통 사람들이 아주 전문적인 수준까지 구사할 필요는 없지만, 금융 관련 단어를 너무 모르면 돈에 대한 경험을 쌓지 못할 것이다. 만약 당신이 금융 지식이 부족하거나 돈에 대해 아는 바가 없어 시종일관 돈 이야기에 대해서 입을 닫아 버린다면, 부자가 될 기회가 줄어든다.

먼저 돈의 기본 원리를 깨우칠 수 있는 초보자를 위한 경제학 기본서를 한 권 사서 읽어보자. 처음에는 가장 기본적인 것부터 이해하려고 노력하자. 금융 관련 TV 프로그램을 시청하며 논의 주제에 대해서 자신이 얼마나 이해하는지 살펴보는 것도 좋겠다.

인터넷은 그야말로 정보의 바다다. 인터넷 정보도 적극 활용하도록 하자. 아울러 주변에 금융과 경제에 밝은 사람이 있다면, 함께 돈에 대해 대화를 나누는 데 익숙해지기 바란다.

워런 버핏은 부를 창출하고 싶은 젊은이에게 이렇게 당부한다.

"사업 운영 방식에 대한 지식과 경영 전문 용어, 목표에 대한 열정, 그리고 기질을 갖춰야 한다. 이런 요소들은 IQ보다 훨씬 더 중요하다. 이 같은 역량을 갖춘 사람이라면 독립적인 사고가 가능하며, 가끔 투자자들의 투자 마인드를 혼탁하게 만드는 사회의 불건전한 군중 심리에 휘둘리지 않을 수 있다."

The Grammer of Success 31

지하실에 있는 기니피그를 확인하라

이 원칙은 주변 사람들이나 일에 집중해야 한다는 뜻이다. 그리고 내 개인적인 이야기이기도 하다.

나는 어렸을 적 체스터 피지라는 이름의 기니피그를 길렀다. 개를 원했지만 연립주택에 살아서 불가능했고, 키울 만한 공간도 없었다지금은 주택에서 살면서 개 두 마리를 키우고 있다. 개를 대신할 만한 애완동물을 찾으려 큰 거북이죽었다, 앵무새온 벽에 배변을 했다를 키우다 마침내 체스터를 만났다.

체스터를 위해 좋은 냄새가 나는 나뭇조각을 깔았다. 그리고 작은 마분지 상자를 잘라 집으로 만들어줬다. 체스터가 그 상자에서 자는 걸 좋아해서 상자에 문을 만들어 밖을 볼 수 있게 해줬다.

체스터는 마분지를 씹어 대지 않을 때면 밖을 보는 걸 좋아했다마분지를 하도 씹어 대서 집이 사나흘에 한 번씩 무너졌다. 마분지를 너무 씹어 대서 자극적이지 않은 먹이를 사서 줬다. 그리고 꼭 신선한 물을 마시게 했다. 하지만 우리 안을 청소하는 건 또 다른 문제였다. 그 점에 대해선 자랑할 만한 것이 없다.

며칠 후, 우리에 깔려 있던 나뭇조각들이 더러워졌지만 치울 생각도 하지 않았다. 게다가 나는 기니피그에 알레르기 증세를 보였다. 같은 공간에 있으면 몇 분도 안 돼 코를 훌쩍거리고 눈이 충혈됐다. 결국 체스터를 보는 횟수가 줄어들었고, 먹이를 줄 때나 집을 청소해 줄 때만 겨우 봤다.

그 당시에는 아기 기저귀를 갈 줄도 모르고, 방청소라는 건 해본 적도 없던 때였다. 그러니 체스터를 위한 우리 청소는 가능한 한 피하고 싶은 괴로운 일이었다.

물론 우리 청소는 내 몫이고, 체스터가 내게 의존하고 있다는 건 알았다. 지저분한 우리는 내게 골칫거리였을 뿐이지만, 체스터는 그 속에서 살아야 했다.

아무리 기니피그들이 과학자들이나 의료연구원들의 실험 대상이 되어, 온갖 일을 다 겪고 참아내는 데 익숙해졌다 해도 이 인내심 많은 애완동물에게도 한계는 있는 법이다.

~~~~~

체스터는 기니피그의 수명만큼 살았다. 그러나 몇 년간 나는 같은 꿈을 꿨다. 내가 지하실에 기니피그를 키우고 있는 걸 잊고 있다가 불현듯 깨닫는 꿈이었다.

꿈에서 나는 일하러 가고, 텔레비전을 보고, 운동하러 가는 등 일상생활을 하느라 몇 주간 지하실로 가지 못했다. 그러는 사이 기니피그는 먹이도, 물도 없이 지저분한 지하실에 갇혀 있었다.

그리고 나는 지하실에 기니피그가 있다는 것 자체를 까맣게 잊은 채 며칠, 몇 주를 보냈다. 그러나 불현듯 이 사실이 떠올라 기겁하고 당장 달려 내려갔을 땐 대부분 너무 늦었다.

죄책감 때문에 꿨던 꿈이고 자업자득이었다. 나는 몇 년간 계속된 이 꿈에서 메시지를 얻었다. 잊고 있었던 건 지하실의 기니피그만이 아니었다. **내 일이나 삶에 몰입한 나머지 많은 것들을 잊고 지내며 등한시했다. 우리가 다른 일에 몰두해 있을 때에도 부모, 친구, 자녀들은 우리를 사랑하고 의지하며 믿는다.**

시간은 빠르게 흐른다. 우리 삶 속의 다른 사람들 시간도 빠르게 흘러간다. 홀로 요양원에 계시는 할머니는 누군가 전화를 걸어 주거나, 방문해 주길 기다리신다. 친구가 병원에 입원해 홀로 있을 수도 있다. 동생이 복도 맨 끝 방에 누워 밤새 개인적인 문제로 끙끙 앓을지도 모른다. 친구들과 쇼핑몰을 돌아다니는 동안 부모님은 힘든 시기를 겪
~~~~~

거나 직장을 잃거나 병에 걸릴지 모른다.

우리가 다른 사람들의 존재를 까마득히 잊고 있을 때에도 그들 역시 나이가 들고, 이들의 시간 역시 흐른다. 혹시 모를까 싶어 이야기한다. 우리의 작은 행동에도 주변 사람들은 고마워한다. 우리가 생각하는 것보다 다른 사람에게 우리는 중요한 존재이기 때문이다.

우리만 외로운 것이 아니다. 주위를 둘러보라. 잊고 지내던 사람은 누구인가?

자기 생활에 방해가 되고, 불편하고, 귀찮아도 지하실에 있는 기니피그를 보살펴라.

The Grammer of Success 32

동화 속 왕자와 공주는 동화 속에만 있다

생일 파티에서 승용차와 해외여행 항공 티켓을 선물로 받고, 캐비어와 푸아그라 요리, 꽃다발, 드레스, 비디오 촬영기사, 라이브 밴드를 선사받는다고 해도 당신은 왕자도, 공주도 아니다.

〈USA 투데이〉가 부모의 과도한 자녀 사랑을 고발한 적이 있다. 기사는 1~10만 달러에 달하는 16세 생일 파티가 인기를 끌고 있다는 데 주목했다미국에서는 만 16세가 되면 운전면허증을 딸 수 있어, 이때의 생일 파티는 성인으로 인정받는 특별한 의미를 갖는다.

한 예로 휴양 도시인 피닉스에서 열린 16세 소년의 생일 파티에 들어간 경비는 4만 달러였다. 뒷마당을 체육관처럼 꾸미려고 나무 바닥을 깔고 관람석과 농구 골대까지 설치했다. 또 다른 16세 생일 파티는 뉴욕의 최고급 호텔인 왈도프 아스토리아에서 열렸다.

한 파티 기획자는 〈USA 투데이〉와의 인터뷰에서 사치스러운 생일 파티를 열어 주는 부모 대부분은 가난 때문에 자신이 누리지 못했던 걸 자녀에게 주길 원한다고 이야기했다. 그런데 문제는 도가 너무 지나치다는 데 있다.

유명인의 자녀들이 얼마나 화려하게 16세 생일 파티를 즐기는지 보여주는 MTV 쇼가 있다. 여기 출연한 한 응석받이 젊은 친구는 파티장에서 "난 공주야!"라고 외쳐대면서 삶에 대한 자기만의 생각을 이야기 했다.

"우리 아빠는 자동차 대리점이 세 개나 되고 돈도 엄청 많아요. 그래서 다들 날 질투하죠."

이런 말도 당연히 뒤따른다.

"내가 원하는 건 뭐든지 가질 수 있어요."

사치스러운 16세 생일 파티가 인기를 끌자, 하얏트 리조트에서는 '하얏틴 스위트 식스틴'이라는 특별 프로그램을 만들었고, 응석받이 공주님들과 그 응석을 받아 주는 부모들이 돈을 들고 몰려들었다.

하얏트 측은 미국 대륙, 하와이, 카리브 해에 위치한 하얏트 리조트에서 최고의 스위트 식스틴 파티를 즐기라고 선전했다. 이 파티야말로 조촐한 생일 파티로는 절대 성에 차지 않을 아이들에게, 획기적이며 독특한 '성인식' 파티가 될 거라 자부했다.

스위트 식스틴 패키지 상품의 기본 사항은 다음과 같다.

- 생일 관리 상담
- 투 베드 스위트룸에서 즐기는 럭셔리한 하룻밤. 성인 2명과 18세 이하 6명의 고객 수용 가능
- 리조트 왕복용 리무진 제공. 30마일까지 가능
- 생일 당사자를 위한 캐시미어 스파 로브 제공
- 전문 사진작가의 사진 촬영
- 풀메이크업과 함께 전문가의 메이크업 레슨
- 저녁 룸서비스와 콘티넨털 조식 제공
- 생일용 특별 디저트 및 다양한 간식거리 무한 제공
- 룸에서의 영화 관람과 다양한 게임을 즐길 수 있는 게임방 제공

하얏트 측은 마음속에 꿈꿔 왔던 특별한 여행을 경험하기 바라는, 똑똑하고 요구하는 것 많은 십대들을 위해 이번 생일 파티 프로그램을 기획했다고 설명했다. 하얏트 측은 '응석받이'나 '버릇없는 녀석들'이라는 느낌을 주지 않기 위해 주의하면서, 사치스러운 프로그램을 그럴 듯하게 꾸미려고 문화적으로 인기를 얻은 심리학 용어까지 끌어다 홍보에 사용했다.

하얏트 홍보 담당자에 따르면 이렇다.

"이번 패키지 상품은 십대들의하얏트의 새로운 마케팅 타깃인 독립을 주장하도록 도우며, 친구들과 다양한 활동초콜릿색 매니큐어 바르기부터 서핑 배우기까지을 즐기면서 생일을 축하하는 능력을 부여한다."

그의 말은 초콜릿색으로 매니큐어를 바르는 일에 '능력을 부여한다 empowering'는 심리학 용어를 사용한 최초의 경우일 것이다. **수천 달러의 돈을 들여 사치스러운 생일 파티를 열어달라고 아빠에게 떼쓰는 걸 독립을 주장한다고 표현한 것이다.**

예전 젊은 세대에게 '독립을 주장한다'는 표현을 쓰는 건 금지된 음악을 듣는다거나, 전쟁에 반대하는 시위를 벌이거나, 직업을 가질 때였다. 요즘 세대는 얼굴 마사지를 받고 아빠의 신용카드로 돈을 내면서 독립을 주장한다.

~~~~~

화려한 16세 생일 파티를 경험한 후, 공주가 되고 싶은 소녀들의 눈은 한없이 높아져 간다. 고등학교 졸업 파티는 어떤 모습일까? 대학 졸업식 때는? 결혼식은? 신혼여행은? 결혼기념일 파티는?

공주는 다음 네 가지 중 하나라도 이뤄달라고 기도해야 한다. 이중에서 하나라도 어긋나면, 공주의 삶은 정말 우울해질 것이다.

1. 부모가 끊임없이 돈을 대주든가, 자기 몫으로 엄청난 유산을 남겨준다.
2. 부자인 왕자님과 끝내주는 결혼을 한다.
3. 복권에 당첨된다.
4. 지구온난화 해결책이나 암 치료법을 찾아서 회사를 차린다.
~~~~~

최근 MTV 쇼와 〈애리조나 리퍼블릭〉에 소개된 16세 마리사에게 일어난 일이다. 제이미 로즈 기자에 따르면 마리사는 극장에 상영되는 영화에 출연한 것도 아니고, 텔레비전 쇼에 두어 번 출연했을 뿐이다.

하지만 그녀의 부모는 어린 딸을 위해 열두 명의 직원을 고용했다. 매니저, 홍보 담당자, 목소리 코치, 메이크업 아티스트, 헤어스타일리스트언제 어디서나 스프레이를 기꺼이 뿌려대는, 웹마스터현대판 공주 중에 자신의 웹사이트가 없는 공주가 어디 있겠는가?, 사진작가린제이 로한도 찍는다고 한다, 연기 코치 두 명, 그리고 마리사의 허밍 소리를 녹음해 그 음을 받아 적는 남자가 고용됐다.

"제 딸은 응석받이긴 해도 다행인 건 기본은 돼 있는 응석받이라는 거죠."라고 마리사의 엄마가 말했다. 자쿠지 욕조나 샤넬 가방들이 즐비한 옷장, 잠자는 숲속의 공주님 스타일로 천이 늘어뜨린 공주 침대를 가졌으니 공주의 기본이 돼 있다는 소리인 듯하다.

마리사는 자신만의 작업 노하우자기가 원하는 걸 아빠가 사주게 만드는 방법를 설명했다.

"아빠 앞에서 눈을 깜박이면서 미소를 짓고, 사랑스럽게 행동하면 뭐든지 갖게 되죠."

마리사는 자신의 16세 생일 파티를 촬영한 MTV 쇼에서 신나게 떠들어댔다.

"이 파티를 여는 데 15만 달러가 들었어요. 아빠는 내 말이면 다 들어줘요. 난 그럴 자격이 있다고 생각하시니까요."

마리사도 언젠가는 모든 사람들이 아빠처럼 생각하지 않는다는 현실을 깨달을 것이다.

나무에 가위질하는 것은
나무를 사랑하기 때문이다.
부모에게 야단을 맞지 않고 자란 아이는
똑똑한 사람이 될 수 없다.

겨울의 추위가 심한 해일수록
봄의 나뭇잎은 훨씬 푸르다.
그러니까 사람도
역경에 단련되지 않고서는
큰 인물이 될 수 없다.
_ 벤저민 프랭클린

The Grammer of Success 33

할 일을 안 하면서, 꿈에 대해 떠들어대지 마라

꿈을 이루려면 재능, 교육, 노력이 뒷받침돼야 한다. 자부심 전문가가 만들어준 주문을 열심히 외워도 꿈을 이루거나 행복을 보장받지 못한다. 재능과 노력, 열정과 교육이 함께할 때야 비로소 꿈이 이루어지는 법이다.

음치인 소녀가 비욘세와 같은 인기 가수가 되기란 힘든 일이다. 운동 신경이 전혀 없는 소년이 아무리 열심히 연습한다고 해도 메시와 같은 세계적인 축구선수가 되긴 힘들다. 의사를 꿈꾼다고 모두가 의사가 되는 건 아니다. 색맹인 사람은 파일럿이 될 수 없다.

이것은 누가 봐도 분명한 사실이지만, 자부심 전문가들은 우리에게 주문을 들이밀며 외우게 시키고, 우리는 잘못된 기대감에 부풀어 있다. 그러다 현실과 마주칠 때, 삶은 불공평하다고 투덜거린다.

과거와 비교해 오늘의 젊은이들에게는 무한한 가능성과 기회가 있다. 사회 계급에 따른 제약이나 신분제도는 사라졌고, 과거처럼 어떻게 살라고 강요하는 가족도 없다.

그런데 문제는 생물이나 화학 수업을 듣지 않고 과제물도 제때 제출하지 않아도, 의사를 꿈꾸기만 하면 될 수 있으리라 생각한다는 것이다. 수학 문제를 풀 줄 모르면 엔지니어가 되지 못한다. 과학을 공부하지 않으면 실리콘밸리에 입성하기 힘들다.

할 일은 안 하면서 꿈에 대해서만 떠들어대는 젊은이들을 보면, 이들의 열망이 능력, 태도, 노력과 너무 동떨어져 있음을 알 수 있다. 부모와 학생들 대부분은 이런 사실을 받아들이지 않는다.

퍼블릭 어젠다에서 실시한 2003년 설문조사에 따르면 학생, 부모, 교사 모두가 고등학교만 졸업하면 바로 일할 수 있으리라 확신했다. 고등학교 자녀를 둔 부모 중 67%는 그들의 어여쁜 자녀가 직장에서 성공할 능력을 갖췄다고 확신했다.

교사들 중 78%는 고등학교 졸업생들이 일할 준비가 돼 있다고 확신했다. 그러나 기업 고용주 중 그 확신에 동의하는 경우는 절반도 안 됐다41%.

67%의 부모, 77%의 교사, 73%의 학생들이 고등학교 졸업장이 직장에서 일을 할 수 있는 기본 능력을 가졌음을 보여준다고 생각했다.

그러나 실제로 졸업생들을 고용하는 기업주와 이들을 가르치는 대학 교수들 대다수가 그 생각에 동의하지 않았다. 교수 68%와 고용주 58%가 고등학교 졸업장이 학생들이 기본 학문 능력을 갖췄다는 걸 보장해 주지 않는다고 생각했다.

물론 꿈은 크게 가져야 한다. 다만 성공은 노력하고, 배우고, 인내해야 얻어진다는 것을 깨달아야 한다.

스페인의 위대한 바이올린 연주가인 사라사테를 어떤 비평가가 천재라고 부른 적이 있었다. 그 말을 듣자, 사라사테가 즉각 반박했다.

"천재라고? 나는 지난 37년 동안 하루에 14시간씩 연습했다. 그런데 사람들은 그런 것은 생각하지도 않고, 너무 쉽게 나를 천재라고 부른다."

사라사테는 자기를 19세기 최고의 바이올린 연주자로 만든 것은 천재성이나 타고난 재능이 아니라는 점을 알고 있었다. 그를 만든 것은 매일 쉬지 않고 꾸준히 연습한 노력의 결과였다.

한 걸음, 그리고 또 한 걸음,

이렇게 하여 긴 여정이 끝난다.

한 바늘, 그리고 또 한 바늘,

이렇게 하여 찢어진 바지를 꿰맨다.

벽돌 하나, 그리고 또 벽돌 하나,

이렇게 하여 높은 벽을 세운다.

한 송이, 그리고 또 한 송이,

이렇게 눈이 쌓인다.

_ 작자 미상

The Grammer of Success 34

진짜 가혹한 사람은 학교에 있지 않고 회사에 있다

만일 학교 선생님이 무서운 사람이라고 생각한다면, 직장 상사를 만나 진짜 무서운 맛을 볼 때까지 기다려라. 직상 상사들은 선생님처럼 자리가 보장되지 않는다. 당신을 훨씬 더 다그칠 수밖에 없다. 당신이 곤경에 처했을 때, 직장 상사가 당신에게 선생님처럼 친절한 말로 위로해 주리라고 기대하면 오산이다.

요즘 학생들은 "학교 다니기가 정말 고달프다."라고 말한다. 스트레스, 긴장감, 부담스러운 숙제, 무거운 가방 때문에 힘들고, 작년에 입던 유행 지난 청바지를 입으면 충격을 받는다.

정신 차려라. 아프가니스탄 상공을 나는 비행기에서 뛰어내리기 직전이라면 모를까, 여러분의 가방 무게가 궁금한 사람은 없다. 그리고 생각해 봐라. 비행기에서 뛰어내려야 하는 상황에서 앓는 소리를 하는 사람은 없다.

학교 과제가 너무 많아서 학생들이 제대로 즐기지 못한다는 주장에 대해 브루킹스 연구소가 조사에 착수했다. 이 주장은 여러 매체에서 다뤄지면서 일단의 소동을 일으켰는데, 〈뉴스위크〉의 커버스토리로 등장할 정도였다.

브루킹스에서 교육 정책을 연구하는 브라운 센터는 조사 자료를 분석한 후, 그 주장이 사실무근임을 밝혔다. 모든 학년의 대다수 학생들이 공부하는 데 보내는 시간은 하루에 한 시간 이하였다. 그마저도 4분의 1은 친구에게 '넌 오늘 밤 뭐하고 싶은데?'라는 식의 문자메시지를 보내는 데 썼다.

연구에 참가한 학생들 중 절반 이상이 최선을 다하지 않는 건 학교 때문이라고 대답했다. 79%의 학생들은 학교가 숙제를 제때 해오라고 억지로라도 시켰다면, 자신들이 더 많이 배웠을 것이라고 말했다.

어떤 학생은 이렇게 이야기했다.

"빠져나갈 구멍은 많아요. 다른 애들 숙제를 베껴도 되고요. 원하는 건 뭐든지 할 수 있어요. 학교야 졸업장만 주면 끝이니까요."

졸업하면 상황이 바뀔 테니 정신 차려야 한다. 직장에서는 금방이라도 기분이 언짢아지는 상사가 존재하고 있으니 말이다. **그리고 그 상사에게도 결과를 원하는 상사가 있다.**

경쟁은 갈수록 치열해질 것이다. 다른 지역 출신들과 경쟁하는 게 아니다. 싱가포르, 중국, 한국, 인도, 러시아, 독일 등 다국적 사람들과 경쟁해야 한다.

직장 상사는 학교 선생님처럼 여러 번 기회를 주면서 일을 잘 끝낼 때까지 기다려 주지 않는다. 보고서를 작성하고, 일을 성공시키고, 제때에 일을 끝내야 한다.

이런 문제는 교사들이 평생직장을 보장받는 데서 나온다. 교사들은 성과가 없거나 생산품이 보잘것없어도 절대 해고되지 않는다.

~~~~~

전직 교육부 장관 빌 베넷은 수천 명의 아이들을 잘못 가르칠 때보다 맛없는 햄버거를 만들 때 더 큰 문제가 생긴다고 말했다. 햄버거를 맛없게 만들면 일자리를 바로 잃는다. 그러나 학급을 망친 교사도 교장이 될 수 있다. 학교를 망친 교장도 교육감이 될 수 있다. 지역 전체의 교육을 망친 교육감도 교육 컨설턴트가 될 수 있다.

교사는 자기 이름이 박힌 교사 증명서만 받으면, 시간이 지남에 따라 연봉이 오른다. 또한 교사들은 온갖 종류의 상을 스스로에게 주는 걸 좋아한다. 그런데 이 상은 학교 이사회를 잘 주무르고 학부모, 학생, 그리고 납세자들을 어떻게 다룰지 잘 안다는 걸 보여준다.

이전 뉴욕시 교육감이었던 루디 크루는 종신 재직을 보장받은 함량미달 교장들이 돌고 도는 현장을 '레몬들의 댄스'라고 묘사했다. 전
~~~~~

뉴욕시 교육감인 조엘 클라인은 최근 2년간 뉴욕시의 팔만 명에 달하는 교사 중 함량 미달로 해고된 교사는 두 명에 불과하다는 사실을 밝혔다.

성추행을 한 교사를 해고하는 데 오랜 시간과 많은 비용이 든다. 십대 소녀에게 성적인 표현이 담긴 이메일을 여러 통 보냈던 한 교사가 해고되는 데 6년이나 걸렸다. 해고 절차가 느리게 진행되는 동안 교사는 수업을 가르치지 않아도 월급을 받아 간다.

종신 재직만이 문제가 아니다. 뛰어나든, 평균이든, 평균 이하든 상관없이 모든 교사가 근속 연수에 따라 똑같은 월급을 받는다. 실패의 대가를 치를 필요도 없지만, 성공을 위한 동기부여나 보상도 없다.

교사가 열심히 일하지 않는다거나 압박을 많이 받지 않는다는 게 아니다. 교사들은 열심히 일하고 압박도 받는다. 교사들은 학생들이 공부를 잘해서 적절한 학업 성취도를 보이길 원한다.

그러나 부하 직원들이 제대로 일을 못할 경우, 집을 팔고 아내의 친정 부모 집으로 이사 가야 하기 때문에 생기는 압박과 교사들이 받는 압박은 완전히 다르다.

교사들은 실패해도 안전하게 보호받는다. 그런데 그런 교사들에게 교육받은 우리 아이들은 현실 속, 치열한 경쟁 세계로 들어가야 한다. 참, 아이러니하다.

The Grammer of Success 35

인생의 쓴맛, 단맛을 학교 운동장에서 배워라

플로리다주 브로워드 카운티에 위치한 한 학교는 운동장에서 뛰는 것을 금지했다. 게다가 그네, 회전목마, 시소, 심지어 모래 놀이통마저 금지해 논란이 가중됐다.

캘리포니아주 교육 행정가들은 왕따, 폭력, 자부심, 소송 문제를 걱정한 나머지 술래잡기, 경찰과 도둑 놀이, 터치 풋볼미식축구를 위험이 적게 고친 경기. 골포스트를 사용하지 않고 공도 미식축구에 쓰는 공에 비하여 작으며, 한 팀은 11명으로 구성된다과 같이 신체적으로 접촉하는 모든 운동을 학교에서 금지했다. 어떤 신체 접촉이건 일절 허용되지 않는다.

세상은 정글이다. 캘리포니아주 산타모니카에 위치한 한 학교는 술래잡기를 금지하면서 술래잡기에서 쓰는 '술래'라는 단어나 '잡았다'라는 단어가 아이들의 자부심을 해친다고 설명했다.

참 아이러니하다. 플레이스테이션 게임기, 닌텐도, 게임보이 때문에 아이들 엉덩이는 버섯처럼 부풀고 있는데도 교육계의 유모들은 술래잡기, 경찰과 도둑 놀이, 쉬는 시간에 하는 온갖 놀이만 갖고 야단법석이다.

요즘 젊은 세대는 유년기를 심리학 용어, 소송, 과보호가 잡다하게 뒤섞인 늪에서 허우적대며 보낸다. 어떤 학교들은 쉬는 시간에도 교사 감독하에 아이들이 즉석에서 만든 놀이까지 못하게 막았다. 아이들을 보호해 주기 위해 스스로 친구를 사귈 기회를 없애고, 상상력이 발휘된 자신만의 놀이를 금지한 것이다.

운동장은 지루하기 짝이 없는 공간이 됐지만 소송은 계속 일어났다. "죽은 고양이를 돌려대는 건 곧장 소송감이죠."라고 한 변호사가 말했다. 요즘 운동장에서 죽었거나 산 고양이를 허공에 돌려대는 아이가 있기나 한가?

나가서 놀기? 비밀 요새 만들기? 누가 감히 그런 위험한 일을 하겠는가?

교육계의 유모들에게 그네와 시소도 위험한 기구였다. 〈USA 투데이〉에 따르면 '미끄럼틀, 그네, 회전목마는 체력 단련과 사회성 증진을 위해 어린이 발육 전문가가 추천한 올인원 놀이 기구로 교체됐다.' 재미있게 노는 것보다 훨씬 낫기 때문이다.

~~~~~

과거 아이들은 넘어져서 팔꿈치가 까지는 건 다반사였고, 뼈가 부러지는 경우도 많았다. 이런 상처는 성장하면서 얻는 훈장이라 생각됐고, 적어도 중력의 법칙을 배우는 계기가 됐다.

과거 아이들은 어리석은 결정이 나쁜 결과를 낳는다는 것을 운동장에서 배웠다. 요즘 아이들은 이것을 고속도로에서 배운다.

"놀이는 아이를 성장시켜 주는 주요 매개체다."라고 텍사스 대학의 명예교수로 놀이와 운동장 연구 프로젝트를 실행하고 있는 조 프로스트가 말했다.

그리고 그는 이렇게 경고했다.

"현재 우리는 겁쟁이들이 가득한 나라를 만들고 있다."

버블랩 속의 아이들을 피구처럼 폭력적이고 승자와 패자를 가르는 경기로 위험에 빠트리는 대신 어떤 놀이를 시켜야 할까? 저글링은 어떨까?

공이 얼굴에 떨어질 위험이 있긴 하다. 문제없다. 스카프로 하면 된다.

스카프 저글링의 권위자가 말했다.

"저는 저글링 초보자들에게 네온색 스카프 돌리는 법을 가르칩니다. 테니스공은 빨리 떨어져서 얼굴을 칠 수 있어서요. 스카프는 부드럽고 천천히 떨어져서 위험하지 않죠."
~~~~~

〈LA 타임스〉의 관련 기사 내용이다.

"학생들이 스카프를 공중에 던지면 선생님은 저글링의 기본 단계를 외치라고 시켰다. 학생들은 스카프를 던지고 받으면서 되풀이해 외쳤다. '던진다, 받는다.' 몇 분도 안 걸려 학생들은 스카프 저글링을 해낸다. 단순히 천조각을 공중에 던지는 일이지만, 뭔가를 떨어뜨려서 실망하는 아이는 생기지 않는다."

스카프만 고집할 필요 없다. 학교에서 저글링을 담당하는 교사 조니 애플시드는 버리는 양말이나 말린 콩까지 다양한 물건으로 시도하라고 조언했다.

그는 재치 있는 대용물로 저글링하는 아이디어를 낸 선생님 이야기도 소개했다. 바로 슈퍼마켓에서 파는 과자 봉지였다스카프 저글링과 함께 비만, 주의력 결핍 장애, 익스트림 스포츠가 나타났다. 이 우연의 일치를 잠시 생각해 보자.

나는 농구를 시작한 이후로

9,000번 이상 슛을 놓쳤고

거의 300번의 패배를 기록했다.

승패를 결정하는 슛을 놓친 경우도

26번이나 된다.

나는 인생에서 수없이 반복해서

실패를 거듭했다.

실패를 통해 단련하는 것,

그것이 바로 내가 성공한 이유다.

_ 마이클 조던

The Grammer of Success 36

작은 창피를 겪고 나면, 더 큰 창피를 피할 수 있다

우리는 성장 과정에서, 특히 청소년기에 자신을 친구와 비교하며 창피함을 느낀다. 교육계의 유모들은 아이들이 창피해하거나 당황하지 않게 하려고 열심히 대책을 찾았지만 아무런 성과도 없었다.

인생은 창피한 일의 연속이다. 여드름이 덕지덕지 나고, 농구 실력은 형편없으며, 점심시간에 인기 많은 여학생 옆에 앉아 있는 남학생보다 사춘기가 일 년 늦게 찾아온다. 이렇게 매일 전쟁을 치르는 젊은 세대를 버블랩으로 감싸주는 것이 능사는 아니다. 전쟁터 한가운데 커피숍을 여는 것과 같은 이치다.

이제 여러분이 선택할 시간이다. 창피하다고 웅크리고 있을 텐가, 아니면 못되게 구는 아이들과 패거리들, 어떤 선택 때문에 생기는 나쁜 결과에 대처하는 법을 배울 텐가?

작은 창피를 겪고 나면 더 큰 창피를 피할 수 있다. 오클라호마에서 한 엄마가 성적이 형편없고 태도가 불량한 열네 살짜리 딸에게, 다음과 같이 쓰인 판을 들고 길거리에 서 있게 했다.

"저는 숙제도 안 하고 불량하게 굴었습니다. 지금 부모님은 제 미래를 준비시키고 계십니다. 앞으로는 집에서 음식을 먹기 위해, 그만큼 정당하게 행동하겠습니다."

이 광경을 지켜봤던 한 운전자는 엄마가 딸을 공개적으로 창피를 주고, 딸을 정신적으로 죽이고 있다고 경찰에 신고했다. 이 엄마의 터프한 사랑은 오늘날 교육 방침에 어긋났다.

어린이 성장을 연구하는 한 교수는 이런 벌이 아이의 마음에 심한 상처를 입힐 거라고 분노했다.

"부모는 아이의 장점을 찾아 줘야 합니다. 이 엄마의 경우 자녀의 장점을 찾을 기회가 없었거나, 단점만 보고 지나치게 화를 냈습니다. 바로 이 점을 모든 부모는 주의해야 합니다."

~~~~~

그러나 이 엄마는 '장점 찾아 주기'라는 철학에 찬성하지 않았고, 이 교수처럼 벌주는 문제에 대해 무지하지 않았다.

"저는 전문가는 아니지만, 아이를 위해 벌을 줬어요."
~~~~~

실제로 이 벌을 받고 난 후 딸이 눈에 띄게 달라졌다고 말했다. 학교 출석률도 좋아졌고 행동도 개선됐다.

이 소녀는 정신적 쇼크를 받은 상태거나 감정에 심한 상처를 입었어야 하는데, 오히려 이번 사건을 계기로 교훈을 얻었다고 말했다.

"앞으로 말대꾸하지 않을 거예요!"

이렇게 반성하면서, 내년에 농구팀에 들어갈 수 있게 성적을 더 높일 거라고 덧붙였다.

이 일화 속 엄마의 대처법에 주목하자. 그녀는 딸 기분이 어떤지 눈치보는 대신, 딸의 현재 행동이 앞으로 딸의 인생에 어떤 결과를 미칠지 생각했다. **열네 살짜리 딸이 엄마를 어떻게 생각할지 신경 쓰는 대신, 스물 살이 됐을 때 딸의 모습이 어떨지 걱정했다.**

성인이 된 딸이 인생의 실패자로 평생 창피하게 살지 않도록, 엄마는 기꺼이 어린 딸이 창피를 겪게 했다.

사람은 운명을 스스로 개척한다.

운명은 바깥에서 오는 것 같지만

사실 알고 보면

자기 자신의 약한 마음,

게으른 습관,

성급한 버릇에서 비롯된다.

어진 마음, 부지런한 습성,

남을 돕는 마음,

이것이야말로 좋은 운명을 여는 열쇠다.

운명은 용기 있는 사람에게는 약하고,

비겁한 사람에게는 강하다.

_ 세네카

The Grammer of Success 37

불행히도 항상 원하는 대로 일이 풀리지 않는다

고등학교에서 혹은 대학교에서 운동 좀 했다고 특권을 누렸다면, 이제 현실을 직시하자. 졸업하고 나면 경기 때 신어달라고 보내온 운동화를 받을 가능성이 희박해진다. 가벼운 꾸중을 피하는 건 잠깐일 뿐이다.

NCAA대학스포츠위원회에 따르면 고등학교 농구팀에서 활약한 졸업생 중 3% 미만의 학생들만 대학팀에 들어간다. 대학 농구선수가 NBA팀에 뽑히는 경우는 75명 중 한 명꼴로 1.3%에 불과하다.

그럼 가능성을 한 번 따져보자. 여러분이 고등학교 농구팀의 MVP라고 치자. 아니, 고등학교 농구팀 역사상 최고의 선수라고 가정해 보자.

여러분이 NBA팀에 들어갈 가능성은 금성에 처음으로 발을 딛는 사람이 될 가능성보다 약간 더 높은 정도다. 고등학교 졸업생 만 명 중 세 명꼴로 NBA에 들어가기 때문에 가능성은 0.03%다. 나머지 99.7%의 고등학교 농구선수들은 좋은 교육을 받고 현실에서도 써먹을 수 있을 인생 교훈을 배우길 바라야 한다.

불행히도 항상 원하는 대로 일이 풀리지는 않는다. 버지니아의 몇몇 학교는 축구 경기가 끝나고 상대팀과 악수하는 전통을 금지하려 한다. 몇몇 아이들이 그 전통의 의미를 제대로 알지 못해서다.

상대팀을 발로 차거나 침을 뱉는 등 비신사적인 행동들이 난무했다. 땀에 젖은 선수들에게 바른 행동의 중요성을 가르칠 절호의 기회였다. 문제를 일으킨 선수들을 왕복 달리기나, 푸시업을 시키거나, 벤치에만 앉혀 놓는 벌을 줘도 됐다. 그러나 코치들은 악수하는 전통을 없애자는 데 만장일치로 동의했다.

56대 0으로 졌는데 "좋은 시합이었다."라는 말을 35번이나 듣고 싶겠냐며 한 평화주의 교장이 물었다. 축구 경기를 하다 보면 몸싸움을 하는 일이 다반사라 경기가 끝날 때쯤이면 문제의 소지가 된다.

~~~~~

다른 문제에 대해서도 이와 유사한 해결책이 선보이고 있다. 오늘날 우리 사회는 젊은이들에게 바른 행동의 기준을 강요하거나, 어떻
~~~~~

게 행동해야 할지 가르치지 않는다. 영양분에 대해 가르치는 대신 학교에서 불량식품 먹는 것을 금지시킨다고등학교에 콜라 자판기를 없애면, 다른 곳에서 콜라를 안 마실 거라는 가정이 깔려 있다.

젊은 친구들이 비판적으로 생각하게 가르치지 않고 무조건 규칙을 지키게 만든다. 이런 생각을 가진 교육자들에게 스포츠맨 정신을 가르쳐야 한다고 말한다면, 당연히 무리한 요구로 여길 것이다.

한 부모는 교육자들이 고등학교 스포츠의 목적을 이해 못해서 악수를 금지했다고 비판했다. 아이들이 프로는 아니지만 언젠가 직장에 들어갈 테고, 불공평하게 구는 동료들과 싸우며 살아야 한다.

학교에서 각종 스포츠에 참여하면서 아이들은 인생의 고난을 어떻게 대처해 나갈지 배운다. 스포츠에서 배우지 못한다면 다른 곳에서라도 배워야 한다.

열심히 운동해서 뛰어난 실력을 쌓고, 팀 동료들과 함께 즐기며 운동하고, 성공을 즐겨라. 대신 여러분이 뛰어난 선수니까 다른 사람들처럼 규칙을 따를 필요가 없다는 생각은 절대 금물이다.

The Grammer of Success 38

기분 나쁘다고? 그래서 어쩌란 말인가?

사소한 일에 기분 나빠한다고 특별한 의식을 지닌 사람이 되는 건 아니다. 그냥 우는 소리를 잘하고 투덜거리는 사람일 뿐이다.

자유로운 나라에서 살더라도 짜증나는 일도 생기고 불쾌한 일도 경험할 수밖에 없다. 다른 의견을 가진 사람들에게 침묵해야 하거나, 이들을 가르치려 들거나, 위협하는 일이 허용되지도 않는다. 불쾌해지기 싫으면 대중교통을 이용하지 말고, 대학에도 가지 말고, 그냥 사람 없는 오지로 떠나라.

'기분 나빠!'라는 카드를 다들 사용한다. 소수인종, 여자, 남자, 자유주의자, 보수주의자, 동성애자, 양성애자, 가톨릭교도, 무슬림, 인디언, 스페인계, 흑인, 페미니스트, 복음주의파, 금발 여자, 키 작은 사람, 뚱뚱한 사람, 마른 사람, 변호사 모두 사용한다.

쉽게 기분 나빠지는 사람은 성차별, 인종차별, 계급차별, 키에 대한 차별, 외모상의 차별, 뚱뚱한 사람에 대한 차별을 당할 때, 혹은 누군가 향수를 과하게 뿌렸을 때 즉각적으로 반응할 수 있도록 민감성을 장전해 놓고 준비된 자세로 다닌다. 그리고 이들은 기대하던 차별을 쉽게 만난다.

~~~~~

마녀들은 할로윈이 기분 나쁘다. 다문화주의자들은 학교에서 사용되는 별명이나 죽은 백인들이 쓴 고전들 때문에 기분이 나쁘다. 페미니스트들은 마스카라와 여자를 위해 문을 열어 주는 남자 때문에 기분이 나빠진다.

무신론자들은 공적인 자리에서 기도하는 게 기분 나쁘다. 신앙이 있는 사람들은 무신론자들의 반대가 불쾌하다. 불가지론자는 둘 중 어느 쪽을 믿어야 할지 몰라서 그저 거리를 두고 있다.

사이언톨로지스트를 비롯한 대부분의 사람들이 애니메이션 〈사우스 파크〉 때문에 기분 나쁘다. 크리스마스 때 캐럴, 구유 속의 예수상, 크리스마스 트리가 불쾌한 사람이 있는가 하면 "메리 크리스마스!" 대신 "행복한 휴일 보내세요."라는 말을 들어서 기분 나빠진 사람도 있다.
~~~~~

인생은 아주 단순하다.

당신이 할 일을 해라.

대부분은 실패할 것이다.

일부는 성공할 것이다.

되는 일을 더 열심히 해라.

그 일이 잘 된다면

다른 사람이

재빠르게 따라할 것이다.

그러면 당신은 다른 일을 해라.

_ 레오나르도 다 빈치

The Grammer of Success 39

제발, 우는 소리 좀 그만해라

미국인들의 84%는 자신이 이런저런 일의 희생자라고 말하거나, 다른 누구 때문에 어떤 행동을 했다고 주장한다.

놀랄 일도 아니다. 희생자로 살면 이익이 많다. 우선 쉽게 살 수 있다. 희생자는 미안하다고 말할 필요가 없다. 책임질 일도 없다. 비난할 사람이 항상 존재하기 때문이다. 희생자는 도덕적 우월성을 보장받고, 어떤 논쟁도 단번에 이길 수 있으며, 정치적 권력을 유지할 수 있다.

그러나 손해도 있다. 일단 실패에 책임지기 시작하면 희생자로서의 지위를 잃을 위험이 있기 때문에, 계속해서 희생자라고 여기는 정체성 속에 갇히고 만다. 그러다가 어떻게 되겠는가?

아예 처음부터 희생자라는 생각을 하지 말아야 한다. 우선 지금까지 겪었던 최악의 일을 머릿속에 떠올려보자.

이제 아래의 희생자 리스트를 보자.

유대인 대학살을 겪은 유대인, 바탄에서 죽음의 행진 현장에 있던 미국인 희생자, 2차 세계대전 중 미국에 억류됐던 일본인 포로, 홀로코스트 희생자, 탈레반 정권하의 여성, 터키에 의해 대량 학살된 아르메니아인, 세르비아에 의해 살해된 무슬림, 피라미드를 쌓은 노예, 아스텍인의 희생, 스탈린 때문에 굶어죽은 우크라이나 농민, 사담 후세인의 강간방 희생자, 자기들 땅에서 쫓겨난 인디언, 히로시마에 떨어진 원자폭탄의 희생자, 독일 드레스덴 폭탄 투하로 인한 희생자, 불에 타서 죽은 기독교 순교자.

~~~~~

우리가 겪은 최악의 일은 어디에도 들어갈 곳이 없다. 기분 나쁘게 구는 체육 선생님이나 여러분을 못살게 구는 부모님도, 여러분을 종교적 혹은 정치적 의견 때문에 감옥에 가두거나 때리거나 고문하거나 추방시키거나 십자가형에 집행하거나 채찍으로 때리거나 사지를 자르거나 온몸에 타르를 바르고 새털을 씌워 죽이거나 총을 쏘지 않는다.
~~~~~

여러분은 산에 버려져 죽지 않았고, 노예선 짐칸에 갇히지 않았으며, 아일랜드의 감자 기근으로 굶어죽지 않았다. 집을 외국인 군대의 본부로 빼앗기지 않았다. 몽골 유목민에게 강간당한 적도 없다. 소말리아의 게릴라에게 가족들이 붙잡혀 가지도 않았다. 금지된 책을 읽다 감옥에 갇히거나, 머리 덮개를 쓰지 않았다고 불타는 학교에 갇히지 않았다. 사하라 사막 이남 아프리카 지역에서 행해지는 여성 할례를 당하지도 않았다.

강제로 영국 해군에 징집됐다 괴혈병에 걸려 이가 빠진 적도 없다. 사람이 살지 않는 땅으로 행진하거나, 갈리폴리 언덕 꼭대기를 오를 필요도 없다. 바그너의 〈니벨룽겐의 반지〉 연주회를 참으며 들을 필요도 없고, 패리스 힐튼이 나오는 영화를 강제로 볼 일도 없다.

팔다리가 잘리거나 몸이 불구가 되는 질병에 걸리지 않았다. 콜레라, 에볼라 바이러스, 혹은 에이즈에 걸리지 않았다. 소아마비나 결핵으로 죽을 가능성도 없다. 자라면서 기근, 가뭄, 메뚜기떼의 습격을 겪지 않았다. 빵 살 돈이 없어서 굶주린 채 잠에 들 일도 없다최근 유행하는 다이어트를 하거나 섭식장애 때문이라면 모를까.

～～～～～

현대 미국 여성들이 남성 중심 문화의 희생자라는 불평을 듣고 나서, 작가 에드워드 애비는《바보들의 행진》에 이렇게 대답했다.

해군에게 이야기해 보라. 베트남 전쟁에 참여해 싸우고 고통받고 죽은 모든 남성에게 이야기해 보라. 자신들이 씨 뿌리고 수확한 모든 것을 영주에게 빼앗겼던 중세 영국 농노에게 이야기해 보라. 그리고 남부 지역의 노예들에게 말해 봐라. 로마 시대 콜로세움에서 죽은 스파르타쿠스와 이만 명의 노예에게 말해 봐라.

이집트의 피라미드, 중국의 만리장성, 그리스의 파르테논 신전, 아피아 교, 톨레도 성벽, 멕시코의 신전들을 지은 남녀노소 노예들에게 이야기해 보라. 알렉산드로스 대왕, 알렉산드르 솔제니친, 러시아 노동수용소 관리국과 KGB에게서 살아남은 죄수들에게 이야기해 보라.

현실을 똑바로 보자. 생각만큼 여러분 상황은 나쁘지 않다. 한때 직장을 잃고 스스로를 측은히 여기던 나는 아버지가 던진 질문으로 생각을 바꾸었다.

"냉장고는 갖고 있을 수 있는 게냐?"

당연히 가지고 있을 거라 대답하자, 아버지는 이렇게 말하셨다.

"그럼 상황이 나빠진들 얼마나 나빠지겠냐?"

나는 희생자가 아니었다.

The Grammer of Success 40

나보다 앞서 살았던 사람의 삶에서, 인생을 배워라

흑백영화 속 사람도 현실 세계에서는 색을 가졌다. 여러분이 태어날 때부터 세계가 시작되지는 않았다.

워싱턴 대학 학생회는 최근 그레고리 패피 보잉턴을 기리는 상을 주자는 제안을 표결에 붙였다. 보잉턴은 1934년 워싱턴 대학 졸업생으로, 중일전쟁과 2차 세계대전에서 미국 해병대 전투기 조종사로 참전했다. 영웅적인 전공으로 의회 명예 훈장과 해군 십자장을 받았다.

2007년 8월 아이다호주 커달레인 공항이 보잉턴을 기려 '패피 보잉턴 비행장'으로 개명했다. 또한 영화 제작자 케빈 곤잘레스가 2008년에 다큐멘터리 영화 〈패피 보잉턴 비행장〉을 제작해, 그를 기념했다.

그런데 뜻밖에도 학생회 회의에서 반대한 학생들이 있었다. 한 학생이 훈장을 받은 해병대원은 워싱턴 대학이 바라는 모범상에 맞지 않다며, 상 수여에 반대했다.

또 다른 학생은 우리는 더 이상 부유한 백인 남성에게 상을 줄 필요가 없다며 반대 뜻을 밝혔다.

그러나 이후 〈월스트리트 저널〉이 지적했듯이, 보잉턴은 백인도 부자도 아니었다. 그는 아메리칸 인디언이며 홀로 세 자녀를 키웠다.

값비싼 공교육을 받은 젊은이들이 역사를 너무 모른다는 비난은 차치하더라도, 다른 이들의 희생을 아무렇지 않게 여긴다는 것을 이 사건을 통해 확인할 수 있다. 그러니까 이 응석받이 대학생들이 학생 회의장에서 바보 같은 소리를 마음껏 했을 것이다.

교육 과정 평가단에 따르면 고등학교 3학년 10명 중 6명이 역사 시험에서 기본 점수보다 낮게 받았다. 자기들이 태어난 해 이전에 일어난 일에 대해 전혀 모른다는 소리다. 고등학교 3학년의 3분의 1은 윤리와 사회에 대한 기본적 이해가 부족했다.

최근 조사에서 미국인의 22%가 만화 〈심슨 가족〉 다섯 명의 이름을 댈 수 있었으나, 미국 수정헌법 1조에 보장된 다섯 가지 권리를 아는 사람은 천 명 중 한 명이었다심슨의 다섯 주인공은 바트, 리사, 호머, 마지, 매기다. 다섯 가지 권리는 종교, 언론, 출판, 집회의 자유, 청원의 권리다.

무식함은 갈수록 가관이다. 2차 세계대전 때 미국의 연합국을 고르라는 질문에 고등학교 3학년 절반 이상이 미국의 적국이었던 이탈리아, 독일, 일본을 답으로 골랐다.

학생들이 이렇게 심각할 정도로 무식한 이유는 단순하다. 아무도 이들에게 역사를 제대로 가르쳐 주지 않아서다.

~~~~~

공교육 시스템 덕분에 미국 십대들은 역사에 대해 희미한 개념만 알고 있다. 미국 헌법에 보장된 자유는 미국자유인권협회에 소속된 영어 선생님, 국제의류노동조합, 영국여성참정권론자, 전국소비자연맹을 설립한 플로렌스 켈리 등 일단의 유명한 인사들 덕분에 얻어졌다고 모호하게 배웠다.

19세기에 잔뜩 얼굴을 찡그린 사람들이 통과시킨 법이나 옥수수의 생산에 대해 수박 겉핥기식으로 배웠을 뿐이다.

모든 계층의 눈치를 보다 보니 현대 교육학자들의 말도 안 되는 기준에서 볼 때조차도 대부분의 역사 교과서는 졸음을 일으킬 정도로 지루하고 재미없다.

뉴욕 대학 다이앤 라비치 교수는《언어 경찰 : 압력 단체가 학생들의 배움을 어떻게 제한하는가The Language Police : How Pressure Groups Restrict What Students Learn》에서 피도 전혀 흘리지 않고, 누군가에게 불쾌감을 주지 않기 위해, 어린애 속임수 같은 이야기들로 현대 교과서를 가득 채우고 있는 실태를 폭로했다.
~~~~~

지리적인 위치도 설명하지 않는다. 모든 전쟁이 중요하지 않다고 말한다. 남자들은 겁쟁이였고 여자들이 용감했다. 나이든 사람들은 결코 아프지 않았다. 아이들은 순종적이었고, 어른에게 대들지 않았으며, 위험한 상황에 빠진 적도 없고, 해결되지 않는 문제를 만나지도 않았다. 눈이 안 보이거나 신체적 결함이 있어도 누구에게서도 도움을 받을 필요가 없었다. 역사적 정확성은 무시한다. 모든 사람이 행복했다.

즉 역사 이야기 속에서 피, 드라마, 개성, 흥미가 사라졌다. 교육 행정가들은 역사의 단순한 사실만 배우는 것은 중요하지 않다고 주장하면서, 이런 현상을 합리화시키려 노력했다. 그리고 무엇보다 역사적으로 생각하는 법을 배우는 것이 더 중요하다고 주장한다.

그러나 실제로 무슨 일이 일어났는지 모르면서, 어떻게 역사적으로 생각할 수 있단 말인가.

다행히 이런 말도 안 되는 지식의 편식에 대한 해독제가 존재한다. 운 좋게 남북전쟁 최대 격전지였던 게티즈버그를 방문해 게티즈버그 전투 140주년을 기념하는 행사에 참여할 기회가 생겼다. 게티즈버그는 자신감이 하늘을 찌를 듯했던 남부군의 리 장군이 처절한 패배를 겪었던 곳이며, 남부 피켓 장군이 비극적인 마지막 공격을 이끌었던 곳이기도 하다.

게티즈버그를 보면서 나는 의문이 들었다. 남북전쟁 이야기를 왜 그토록 재미없게 만들었을까? 학교는 왜 그 이야기를 가르칠 만한 가치가 없다고 여겼을까?

가치를 인정해서 가르쳐도 왜 아이들의 상상력을 사로잡을 만한 내용은 다 빼놓고 가르칠까?

교육학자들이 학생들에게 역사에 흥미를 느끼도록 만들지 못해 손을 쥐어짜는 동안 아내와 아들 알렉스, 그리고 나는 게티즈버그 국립묘지를 바라보며 섰다. 남북전쟁 당시 남부 동맹 11개 주가 최고점에 달했다가 몰락한 곳이기도 했다.

알렉스는 "진짜 멋져요. 남북전쟁을 자세히 알고 싶어요."라고 말했다. 내 아들에게 역사란 지루한 것이 아니다. 그러나 학교는 학생들에게 역사란 지루한 것이라 여기도록 열심히 노력하고 있다.

지금 하는 일에 가치를 더하면, 돈은 저절로 따라온다!

"원하는 일을 하면 돈은 따라온다."라는 말은 반은 맞고 반은 틀리다. 확실한 사실 하나, 우리들 대부분은 스스로가 확실하게 어떤 부분에 강점을 가지고 있는지 확신하지 못한다. 사람들은 흔히 자신의 천부적 재능이 무엇인지 실체를 모른다.

행여나 그런 재능이 있더라도 자신이 깨닫지 못하고 있기 때문에, "원하는 일을 하면 돈은 따라온다."라는 말은 근본적으로 성립이 불가능한 말이다.

이로써 우리는 두 번 낙담하게 된다. **첫 번째는 애정을 갖고 있는 일이 무엇인지 모른다는 사실에서 그렇고, 두 번째는 그로 인해 충분한 부를 쌓을 근거가 희박해졌다는 점에서 그렇다.**

자신의 적성에 맞는 일이 무엇인지 인지하고 있다면, 인생의 성공에 분명 도움이 될 것이다. 시행착오를 거치면서 소모되는 시간을 아낄 수 있고, 지금 하는 일에 염증을 느낄 필요도 없을 테니 말이다.

그러나 진정 좋아하는 일을 찾아내기 전까지 현재 가지고 있는 것과 지금의 나 자신을 십분 활용한다는 자세를 가져라. 바로 이런 사고가 오히려 부를 창출하는 데, 더욱 도움이 된다.

직업을 갖고 있거나 사업을 하고 있다면, 본업에 자신의 능력을 최대한 쏟아붓는 게 좋다. 그리고 그 일에 애착을 갖기로 결심하라. 자연스럽게 샘솟는 열정이 아닐지라도 본업에서 애착을 가질 수 있는 부분을 찾아보기 바란다.

잘 처리된 일에서 얻는 성취감이나 점점 나아지는 인간관계에서 얻는 자신감 같은 것들 말이다. 타인을 돕는 걸 즐기고, 이렇게 사고 전환을 통해 본업에서 창출한 부를 활용해 더 좋은 인생을 추구하는 데 투자하라.

The Grammer of Success 41

삶이 묻는 질문에 행동으로 답하라

우선 지금까지의 인생 이야기부터 시작해 보자. 지금껏 무엇을 이루었는가?

그다음 그동안 했던 나쁜 일을 그 옆에 더해 보자. 무례함, 거짓말, 작은 배신, 심술, 경솔함 등 모든 단점과 장점을 균형 맞추고 실제로 자신이 어떤 삶을 살았는지 스스로에게 말해 보라.

이제 죽기 직전에 누워 있는 모습을 상상해 보라. 그리고 곰곰이 지난 삶을 반추해 보라.

무엇을 이뤘는가? 무엇을 남길까? 나는 어떤 사람이었는가? 정직하고 덕이 많은 사람으로 기억되길 바라는가? 다른 이들의 삶과는 구별된 삶을 살기 원하는가? 지금 내가 한 결정이 목표를 이루는 데 도움이 될까, 해가 될까?

인생을 하나의 이야기로 볼 때, 그 이야기 속에는 요점이 있어야 한다. 무의미한 사건들을 두서없이 나열하면 안 된다.

지금 선택한 결정이 다음 주에 일어날 일에 영향을 끼치진 않아도 나머지 인생을 결정지을지 모른다. 주말 하룻저녁을 신나게 놀다가 향후 20년간의 인생 계획이 뒤틀어질 수도 있다.

스스로 묻자. 인생의 목적을 이루려면 무엇이 필요한가?

나치 강제 수용소에서 겪은 참혹한 경험을 분석해 정신 치료 기법인 로고테라피를 정립하고, 이 기법을 통해 인간이 어떻게 고난을 극복하고 삶을 살아가야 하는지 방향을 제시한 빅터 프랭클은 이렇게 말했다.

"사람이 삶의 목적이 무엇인지 묻는 게 아니라, 질문을 받는다는 걸 알아야 한다. 다시 말해 **인생이 모든 사람에게 질문을 던진다. 인생에 책임을 다하는 사람만 그 질문에 대답할 수 있다.**"

~~~~~

IT 역사를 획기적으로 바꾸고, 우리 삶의 방식마저 바꿔 버린 애플의 스티브 잡스는 약간 다르게 말한다.

"곧 죽을 거라는 생각이 인생의 중요한 선택을 할 때, 가장 큰 도움이 됐습니다."
~~~~~

스탠포드 대학의 2005년 졸업식 기념연설에서, 스티브 잡스는 일 년 전 암이라는 진단을 받은 적이 있다고 말했다.

"아침 7시 반에 정밀검사를 받고 나서, 제 췌장에 있는 종양을 보았습니다. 그 전엔 췌장이 뭔지도 몰랐죠. 췌장암은 치료가 불가능하며 길어 봐야 6개월 정도 살 수 있을 거라는 진단을 받았습니다."

이런 말을 들으면 대개 놀라울 정도로 생각이 집중된다. 스티브 잡스 역시 예외가 아니었다.

"그날 오후 의사들이 생체검사를 했는데, 제 목구멍 속으로 내시경을 밀어 넣어 위를 지나 창자까지 집어넣었습니다. 그리고 췌장에 주사기를 꽂아 종양에서 세포를 약간 채취했죠."

다행히 좋은 소식을 들었다. 췌장암으로 죽지 않을 것이란다. 수술로 치료 가능하다고 판명됐다.

"수술을 받았고 지금은 완치됐습니다. 그때가 죽음을 가장 가까이 경험해 본 때였고, 앞으로 수십 년간 다시는 그런 경험을 안 하길 빌고 있죠."

그러나 죽음을 마주하는 경험을 한 덕분에 잡스는 스탠포드 졸업생들에게 다음과 같은 말을 할 수 있었다.

> 추상적인 지식에 불과하던 죽음이라는 개념을 이제는 좀 더 확실하게 말해 줄 수 있습니다. 죽길 원하는 사람은 없습니다. 천국에 가길 소원하는 사람도 당장 죽고 싶어 하진 않습니다.

그러나 죽음은 우리 모두 함께 나아가고 있는 마지막 목적지이기도 합니다. 아무도 도망치지 못합니다. 죽음은 삶이 주는 최고의 발명품입니다. 죽음은 삶이 변형된 형태입니다. 낡은 것을 버리고 새로운 것을 위한 길을 만듭니다.

이 새로운 것이 바로 여러분들입니다. 그러나 언젠가 여러분도 점차 나이가 들고 버려질 날이 올 겁니다. 너무 극적으로 이야기해서 미안하지만 사실입니다.

곧 죽게 된다는 생각은 인생에서 중요한 선택을 할 때마다 큰 도움이 됩니다. 사람들의 기대, 자존심, 실패에 대한 두려움 등 거의 모든 것들은 죽음 앞에서 무의미해지고 정말 중요한 것만 남기 때문이지요.

죽을 것이라는 사실을 기억한다면 무언가 잃을 게 있다는 생각의 함정을 피할 수 있습니다. **젊은 여러분들은 잃을 게 없으니, 가슴이 시키는 대로 따르지 않을 이유도 없습니다.**

～～～～～

스티브 잡스가 주려던 메시지는 이것이다.

"우리의 시간은 제한되어 있습니다. 그러니 다른 누군가의 삶을 사느라 시간을 낭비하지 마십시오."

스티브 잡스의 연설문은 뉴에이지스럽고 구태의연한 이야기들이 섞여 있긴 하지만 중요한 요점을 짚어 주고 있다. 그는 삶에 대해 생각해 보라고 이야기했다. 우리가 앞으로 어떤 삶을 살지는 우리에게 달려 있다. 안타깝게도 췌장암이 재발한 스티브 잡스는 2011년 10월 5일, 사망했다.

나치 포로수용소에서 살아남은 빅터 프랭클은 말했다.

"우리가 삶에 무엇을 기대하는지가 아니라, 삶이 우리에게 무엇을 기대하는지가 문제다."

삶이 묻는 질문에 대답할 때 말이나 명상이 아닌 행동으로 답해야 한다. 삶이 던지는 문제의 답을 찾고, 각 개인에게 끊임없이 주어지는 임무를 완수하면서, 책임을 다하는 것이 곧 인생이다.

여러분의 삶은 여러분에게 무엇을 기대하는가?

위대한 일을 하고

중요한 목표를 달성하는

두 가지 길이 있다.

힘과 끈기다.

힘은 일부 소수만이 가질 수 있다.

하지만 강인하고 지속적인 끈기는

누구나 가질 수 있으며,

목표 달성에 꼭 필요한 것이다.

조용한 끈기와 힘은

시간이 지나면서

돌이킬 수 없는

엄청난 위력으로 발전한다.

_ 괴테

The Grammer of Success 42

감사하는 마음은 힘이 세다

여러분은 "내 인생이니까 상관하지 마세요."라는 말을 자주하지만, 엄격하게 말해 여러분 인생은 자신만의 인생이 아니다. 다른 이들의 삶과도 연관되어 있다. 우리는 다른 사람들에게 중요한 존재로서, 다른 사람의 인생에 끼치는 영향력은 생각보다 상당하다.

새 생명의 탄생 이후부터 그 생명체를 성인으로 기를 때까지 얼마나 많은 시간, 노력, 사랑이 드는지 여러분은 상상도 못한다.

부모님은 기저귀를 갈고, 턱받이에 이유식을 뱉어대도 끝까지 먹이고, 잠들 때 책을 읽어 주고, 처음 걷는 모습을 지켜보고, 처음 학교 가는 모습도 지켜보고, 저녁을 차리고, 옷을 사고, 입히고, 방청소하고, 크리스마스 선물을 사고, 숙제도 돕고, 상처 나면 약 발라 주고,

과제물을 제출 전날 대신 만들어주고, 수영 강습을 등록해 주고, 귀에 염증이 생기면 의사에게 데려가고, 가는 길 내내 "아직 멀었어?"라고 수백 번 물어대도 가족여행에 데려가고, 축구 경기, 콘서트, 공연, 학부모 회의에 가고, 치아를 교정해 주고, 엄마아빠가 싫다고 소리 지르는 걸 들어주고, 첫 번째 데이트를 돕고, 걱정하면서 뜬눈으로 밤새고, 학교를 졸업시키고, 대학 등록금을 마련하고, 걱정과 두려움을 느끼고, 만족감, 놀라움, 희망, 뿌듯함을 느낀다.

부모님이 이 정도로 노력을 아끼지 않는데, 조금의 감사 표현은 해야 마땅하지 않겠는가.

응석받이에 버릇없이 자랐다면, 이 모든 것들을 당연한 권리라고 여긴다. 자기가 받아온 것들이 얼마나 놀라운 선물인지 이해하지 못한다. 그러니 감사 인사를 해야 한다는 생각이 들 리 없다.

부모에게 무언가 빚졌다는 걸 아는 경우라면 문제는 더 어려워진다. 자신을 세상에 태어나게 해주고 평생 모든 것을 베풀어 준 데 대해 고맙다면, **어떻게 그 마음을 전해야 할까? 어떻게 은혜를 갚을까?**

카드 한 장 달랑 써서 끝날 일은 아니다.

~~~~~

나는 아나톨 프랑스가 쓴 한 소설을 좋아한다. 성모 마리아께 감사와 헌신을 보여 주는 것 이상의 무언가를 하기 원했던 한 저글러의 이
~~~~~

야기다.

바나바라는 이름의 이 저글러는 프랑스 루이 왕 시대에 살았다. 그는 여러 마을을 전전하며 공 돌리기 묘기를 했다. 그러다 수도원에 들어가 수도승이 되었고, 성모 마리아에게 헌신하기 원했다.

그러나 다른 수도승들과 비교해 자기가 성모에게 드릴 수 있는 것이 보잘것없다는 걸 알고 점점 기가 죽었다. 수도원 원장은 교재를 썼다. 모라이스 신부는 멋진 필체로 양피지에 논문을 써내려 갔다. 알레산드레 신부는 사본에 그려진 성모상을 섬세하게 칠했다. 말보드 신부는 솜씨 좋은 조각가였고, 어떤 신부들은 찬송가를 작사 작곡해 성모를 찬양했다.

신부들의 이런 헌신을 본 뒤, 바나바는 자신이 부족하다고 느꼈다. 배운 것이 많은 신부들에 비해 자신은 무식하다고 느꼈고, 동료 신부들처럼 아름다운 선물을 성모 마리아에게 바치지 못한다고 생각했다. 설교할 줄도 몰랐고, 신학 이론을 논문으로 쓰지도 못하고, 성모상 조각도 못했다.

바나바 신부는 말했다.

"나는 할 줄 아는 게, 하나도 없구나!"

작가인 아나톨 프랑스는 "그는 슬픔과 비참함에 잠겼다."라고 썼다.

그러던 어느 날 아침, 마침내 바나바에게 생각이 떠올랐다. 침상에서 벌떡 일어나 예배실로 달려간 그는 한 시간가량 홀로 머물렀다. 그 다음 날도 예배실로 갔고, 그후부터 자주 방문했다. 자유시간마다 비어 있는 예배실로 향했다. 동료 신부들은 그가 예배실에서 무엇을 하는지 궁금해하기 시작했다.

수도원 원장은 바나바 신부를 따라가 사실을 확인해 보기로 마음먹었다. 어느 날 저녁 다른 두 신부와 함께 원장은 예배실로 향했다. 이들은 문틈으로 바나바 신부를 지켜봤다.

바나바 신부는 성모 마리아상 앞에 있었다. 물구나무를 선 채 여섯 개의 공과 열두 개의 칼을 돌리면서 말이다.

그는 성모 마리아에게 감사를 표할 선물을 가졌음을 깨달았다. 그리고 자신이 가진 최고의 것을 드림으로써 감사의 마음을 표현했다. 그는 시인도 조각가도 예술가도 아니었다. 그는 저글러였다. 그래서 공 돌리기 묘기를 부렸다.

기업 CEO나, 의사나, 오페라 가수가 되지 못할 수도 있다. 그러나 어떤 일을 하든 자신감 있게 능숙하게 해내라.

그것이 부모님 은혜를 갚는 방법이다.

The Grammer of Success 43

태만함이 불행을 만든다

인정한다. 중대한 문제는 아니다. 그러나 가르쳐 주는 사람이 없더라도 살면서 알아서 챙겨야 하는 문제들이 있다.

예를 들어 자동차 오일 교환도 그중 하나다. 나 역시 몇 년간 차를 수리하느라 수천 달러를 들이고 나서야, 오일 교환을 규칙적으로 해야 한다는 사실을 깨달았다. 오일 교환 비용보다 값비싼 대가를 치른 덕분에 얻은 교훈이다.

이런 교훈은 교과서에 절대 나오지 않는다.

내 아들이 다니는 고등학교는 최근 상급생들에게 다음과 같은 프린트물을 나눠주기는 했다.

"사건을 제어하려 노력하지 않으면 사건이 여러분을 제어할 것이다.

실수를 했을 때 못지않게 태만할 경우, 역시 심각한 결과가 발생한다. **성숙도를 알려 주는 징표 중 하나는 어떻게 태만함이 불행으로 이어지는지 아는 데 있다.** 제때에 적절한 행동을 취하지 않아서 생긴 결과는 받아들일 수밖에 없다.”

오일이나 타이어를 주기적으로 교환하고, 치실을 사용하는 것처럼 일상적인 결정을 할 때 이를 명심해라. 좋은 조언이다.

좀 더 자세히 설명하겠다.

- **빨래하는 법을 배워라.** 영원히 엄마와 살 계획이 아니라면, 혹은 양말이나 속옷에서 고약한 냄새가 나게 하기 싫다면 말이다. 빨래할 때 색깔에 따라 옷을 분리해라. 찬물을 사용해라.

- **요리를 배워라.** 평생 깡통 음식이나 패스트푸드만 먹기 싫다면 말이다. 시리얼보다 정성이 들어간 음식을 만들어 중요한 사람에게 대접하는 게, 그 사람에게 당신에 대한 강한 인상을 얼마나 깊이 심어 주는지 알면 놀랄 것이다.

- **저축하라.** 이십대에 저축을 시작하면(많이 할 필요도 없다) 백만장자가 될 수 있다. 그대로 실천해서 마흔다섯 살이 되면, 그때 이 조언을 듣기 잘했다고 생각할 것이다.

- **치실을 사용하라.** 이빨을 뿌리째 뽑고 싶지 않다면 말이다. 내 말을 믿어라. 치통은 담석을 제거하거나 출산할 때의 고통과 비슷하다. 얼굴이 일그러질 정도로 심각한 치통을 나이 들어서 겪고 나면, 어릴 때 엄마가 매를 들어서라도 하루에 여덟 번(아니면 세 번이라도?) 이를 닦고 치실을 사용하라고 시켰으면 좋았을 거라 생각할 것이다.

- **코털. 깎아라!**

실선하는 사람은 꿈꾸는 사람보다

더 큰 성공을 거둔다.

실천하는 사람은

목표를 세우고 끊임없이 노력하지만,

꿈꾸는 사람은

목표를 향해 출발하지도 못하고

쉽게 포기한다.

실천하는 사람은

스스로 자기 삶을 변화시킬

능력을 갖추고 있다.

실천하는 사람은 자기 목표를 달성한다.

회사를 세우고, 책을 쓰고,

마라톤 대회에 나가 완주한다.

스스로 목표를 정하고 달성한다.

반면에 꿈꾸는 사람은

그런 것을 꿈꾸기만 한다.

_ 잭 D. 핫지, 《습관의 힘》에서

The Grammer of Success 44

세상은 나를 중심으로 돌지 않는다

내가 어떻게 생각하든, 뭘 더 좋아하든, 혹은 스스로에게 진실해질 필요도 없이 원주율은 3.14159265358979323846이다.

물은 100도에서 끓는다. 진공 상태에서 빛의 속도는 초속 30만km 다. 농구장의 가로 길이는 28m며, 농구 골대 지름은 45cm다. 그리고 에베레스트 산 정상 높이는 8848.86m다.

공상과학 작가 필립 K. 딕은 '현실이란 믿지 않아도 사라지지 않는 것'이라고 정의했다. 다시 말하자면, "뭐, 내 생각은 그래요."라는 말을 아무리 듣는다고 해도, 모든 진실이 주관적이거나 상대적이진 않다는 뜻이다.

어떤 음악을 좋아하는지, 파란색보다 빨간색을 더 좋아하는지 말할 때처럼 개인적인 의견이 중요할 때가 있다.

그러나 어떤 사실들은 나의 요구, 필요, 의도, 느낌에 맞춰지지 않는다. 세상이 나 자신을 중심으로 돈다고 생각하고 싶어질 때, 이 사실을 명심해라.

~~~~~

엔지니어들도 자기만의 행복을 좇을 수 있지만, 철의 물리적 비율을 모르는 기술자들이 짓는 건물은 무너질 것이다.

피구를 평생 해본 적 없는 변호사라도 소송 절차의 규칙을 바로 알고, 법정에 소송사건 서류를 제출할 줄 알아야 한다.

2.5t짜리 트럭이 가로등으로 돌진할 경우 적용되는 물리학 원리에 개인적인 생각이 끼어들 틈은 없다.

남북전쟁 당시 곤란을 겪던 에이브러햄 링컨이 말했다.

"당신이 개의 꼬리를 다리라고 부른다면 그 개의 다리는 몇 개인가? 여전히 네 개다. 꼬리를 다리라고 부른다고 꼬리가 다리가 되는 일은 없다."

젊은 세대는 이 사실을 알지 못한다.

과거 세대가 뉴욕 양키스팀이라면 그들을 경멸하고 걱정거리로 보는 나약한 젊은 세대의 교육학자, 카운슬러, 교수, 학자, 치료사는 양키스팀 훈련 캠프장을 돌아다니는 소프트볼팀 같다.
~~~~~

말로 먹고 사는 사람들은 실제로 행동하는 사람들, 특히 정확한 기준으로 우수함을 평가받는 사람들에게 열등감을 느낀다. 그렇다. 의사, 소방관, 파일럿, 건축가들은 일을 정확하게 해내야 한다. 그러나 젊은 세대는 괜찮다고 느끼면 그만이다.

상황은 바뀌지 않는다.

다만

우리가 변하는 것뿐이다.

_ 헨리 데이비드 소로

The Grammer of Success 45

사람을 사람답게 하는 문명인이 되라

어렸을 적 어리석은 짓을 저질렀던 부모가 여러분에게 잔소리를 늘어놓는다고 가정해 보자. 그렇다고 우리가 부모를 무시해도 되는 건 아니다.

어렸을 때 어리석은 짓을 해본 사람은 사랑하는 사람이 자신과 같은 실수를 저지르지 않기를 간절히 바란다.

《잠언과 성찰》을 쓴 라로슈푸코는 "위선은 악이 선에게 지불하는 선물이다."라고 말했다그는 프랑스인답게 사는 법을 잘 알고 있었다.

위선자는 주변에 흔하다. 순결을 설교하면서 성가대원을 성희롱하는 목사, 자신은 비행기를 타고 전국을 다니면서 밴을 몰고 다니는 엄마들이 기름을 낭비한다고 비난하는 연예인, 윤리학을 논하는 국회의

원들 말이다.

대학 시절 술독에 빠져 살던 아버지가 술을 많이 마시지 말라고 아들에게 충고하면 위선일까?

어렸을 적 피임도구 없이 자유로운 성관계를 즐긴 부모가 자녀에게 결혼 전까지 순결을 지키라고 말하면 위선일까?

직접 경험해 봤거나 주변에서 인생을 망친 경우를 봤기 때문에 그렇게 말하는 게 아닐까?

알코올 중독에서 간신히 벗어난 사람만큼 과한 음주의 위험성을 아는 사람이 또 누가 있겠는가. 열여섯 살짜리 딸을 둔 서른두 살 된 미혼모만큼몇 살에 낳았을지 계산해 봐라 댄스 파티 때 첫 경험을 하겠다고 마음먹는 게, 얼마나 위험한 일인지 아는 사람이 누가 있겠는가.

어떤 사람에게 결점이 있다고 해서 그가 하는 말까지 잘못됐다고 할 수 없다. 정확하게 말하자면 어떤 사람의 말에 진실성이 있어도, 그것이 객관적인 사실이나 논리 그리고 현실을 대신하지 못한다는 뜻도 된다.

말하는 사람이 아무리 진실된 의도로 말한다 해도 틀린 주장이 옳은 주장으로 바뀌지는 않는다. 혹시라도 바뀔 가능성이 있다면 앞으로 할리우드 스타들이 세계 경제를 논하는 말에 열심히 귀기울여야 할 것이다.

~~~~~

개인적 판단을 금기시하는 문화에서조차 위선은 거짓말이나 부패보다 더 심한 죄다. 위선자라는 단어는 심한 욕이 돼서 신보수주의 좀비보다 심한 말이라 여긴다.

논쟁을 벌일 때 상대편을 무너트릴 수 있는 최고 패는 바로, 그의 위선을 고발하는 것이다. 불행히도 위선을 고발하는 수가 늘어나면서 수많은 훌륭한 충고가 무시됐다.

상대방을 위선자라 손가락질하며 논쟁을 끝내면 이길 확률이 높다. 상대방의 생각이 아닌, 그 사람 자체를 공격하기 때문에 인신공격적 성격을 띠기 쉽다. 상대방을 손가락질하는 본인은 도덕적 우월성을 획득하기 때문에, 이 공격법의 유혹을 뿌리치기 힘들다.

그러나 이 공격법은 상당히 나태한 방법이다. 도덕적 우월성을 얻고 의기양양해질 뿐 상대방의 주장에 대해 심사숙고하는 노력을 하지 않는다. 따라서 위선적인 어른이 하는 말이니 무시한다는 생각은 게으른 공격법이다. 어린 이상주의자들은 주홍글씨를 새기듯 부모에게 위선자라는 딱지를 붙이려 들기 때문에, 완벽하고 이상적인 부모를 찾기 힘들다.

인간을 단순히 선과 악으로 구분하기란 어려운 일이다. 인간은 복잡하고 흥미로운 존재며 장점과 단점, 통찰력과 어리석음을 동시에 갖는다. 완벽을 원하는 사람은 실망만 할 것이다. 완벽한 사람들 말만
~~~~~

듣겠다고 고집 부린다면 혼자 살아야 한다.

'매너 아가씨'라는 필명으로 유명한 칼럼니스트 주디스 마틴은 말한다.

"위선은 사회악이 아니라 미덕이다."

60년대에 등장한 최악의 생각은 좋은 매너를 위선으로 본 것이었다. 진심이 아니라서가 그 이유였다. 이 생각은 심오한 철학으로 받아들여졌다.

그러나 참을 수 없을 정도로 싫은 사람과 같은 공간에 있어도 마찰 없이 지낼 수 있게 도와주는 것이 바로 매너다.

좋은 매너를 가진 사람은 아무리 상대방이 짜증나게 굴어도 예의 바르게 처신하고, 재수 없는 사람들과 악수하며, 맘에 안 드는 선물을 받아도 고마워하는 척해 주고, 삼촌이 재미없고 말도 안 되는 우스갯소리를 해도 재미있는 척 웃는다. 모르는 사람에게도 친절하게 대하고 손님과 처음 본 이들의 마음을 편하게 해준다.

이 사람은 위선자일까?

아니다, 문명인이다. 여러분도 사람을 사람답게 하는 문명인이 되도록 노력하라.

The Grammer of Success 46

절대 무관용한 어른들을 본받지 마라

무관용주의는 도덕 나침반을 만들어주는 것과 완전히 반대되는 사상이다. **아무 생각도 요구하지 않기 때문이다.** 무관용주의를 좋아하는 사람들은 나태하고, 게으른 사람이다. **우리는 생각하려고 노력해야 한다.**

해마다 어리석음은 극치를 이룬다. 한 유치원생은 공룡 모양의 플라스틱 총을 유치원에 가져왔다가 위험물 반입 금지 규칙을 위반했다고 유치원을 다니지 못했다. 어떤 초등학생은 손가락을 권총 모양으로 만들어 '빵!' 하고 소리쳐서, 열한 살 소녀는 선생님들 머리에 화살이 관통하는 그림을 그렸다고 정학 처분을 받았다.

무관용주의 정책을 철저히 따르는 한 학교에서 여덟 살짜리 초등학생은 7일간 학교에 가지 못했다. 엄마가 점심 때 잼을 바르라고 넣어 준 칼 때문이었다. 어떤 학교는 스위스 군용 칼을 소지했다는 이유로 우등생을 퇴학시켰다.

텍사스에서 한 고등학생은 친구 선물로 줄 야구방망이를 차 앞좌석에 놔뒀다가 퇴학 처분을 받았다. 교직원들 보기에 야구방망이는 무기였기 때문이다. 이 교직원들은 그 학생의 차 트렁크에 있던 진짜 알루미늄 방망이는 무시했다.

"자연은 멍청이를 혐오한다."라고 헨리 루이스 멩켄이 신랄하게 말했다. 멍청이들을 교장으로 세운 걸 보면, 학교 이사회는 자연만큼 그들을 혐오하지 않는 것 같다.

인디애나주의 한 중학생은 자기도 모르게 스위스 군용 칼을 학교에 가져온 걸 알고 바로 교사에게 칼을 반납했다. 그러나 이 학생은 열흘간 정학 처분을 받았다. 심지어 교장은 그를 퇴학시켜야 한다고 말했다. 진실을 말하고 옳은 일을 했는 데도 말이다.

'절대 위험물 반입 금지'라는 규칙은 학교에서 칼을 사라지게 하는 게 목적이었고, 학생이 칼을 자진 제출한 것으로 그 목적이 달성된 셈이다. 그러나 무기를 자진해서 제출한 학생이 정학 처분을 받게 된 걸 본 뒤, 다들 무기가 될 만한 것은 가능한 교직원들 눈을 피해 숨겨야겠다고 생각했을 것이다.

조지아주의 한 초등학교를 다니는 6학년생 애슐리 스미스는 2주간 정학 처분을 받았다. 학교에 가져온 캐릭터 열쇠고리가 '절대 위험물 반입 금지' 규칙을 위반되기 때문이다.

트위티 버드 웹사이트를 만들 정도로 '트위티 버드'라는 캐릭터의 열성 팬이었던 애슐리는 그 작은 열쇠고리로는 아무도 해치지 못할 거라 주장했다. 그러나 학교 측은 열쇠고리에는 뭐든 낄 수 있기 때문에 위험물이 될 소지가 있다고 밝혔다.

~~~~~

이런 융통성 없는 무관용주의 정책이 마약 관련 문제에도 적용되고 있다. 거만하고 바보 같은 정부 고위직 교육 관리들은 진통제인 타이레놀, 마이돌, 애드빌을 헤로인과 똑같이 다뤄야 한다고 생각한다. 결국 규칙을 위한 규칙일 뿐이다.

교직원이라는 사람들은 환각제와 진통제의 차이를 알지 못한다. 열다섯 살짜리 중학생이 감기약을 학교에서 복용했다가 정학 처분에 마약 인식 수업과 상담까지 받아야 했다. 웨스트버지니아의 한 학생이 감기 물약을 학교에 가져오자, 학교 측은 '마약 반입 금지' 규칙을 어겼다고 생각했다.

루이지애나주에 위치한 보시어 패리쉬 고등학교는 아만다 스타일즈라는 학생이 학교에 진통제인 애드빌 한 알을 가져왔다는 이유로 일년간 정학 처분을 내렸다.

아만다가 학교에서 담배 피운다는 제보를 받고 소지품을 뒤지던 교
~~~~~

사가 알약을 발견했다. 담배나 라이터는 나오지 않았으나, 그 알약이 문제가 됐다. 교장은 무관용주의 정책을 지키기 위해 아만다에게 정학 처분을 내릴 수밖에 없었다고 말했다.

이런 무관용주의 정책은 아이들의 안전을 보장해 주지도 않을뿐더러 행동 양식도 가르쳐 주지 않는다. 그저 선생님들만 편하게 해줄 뿐이다.

학생들이 올바르게 판단하도록 돕는 게 아니라, 학교 측의 독단과 어리석음을 보여줄 뿐이다. 친구의 목숨을 살린 학생마저도 무관용주의 정책 때문에 처벌받았다.

다음은 BBC 뉴스 내용 중 일부다.

> 열두 살짜리 한 미국 소녀가 천식 발작을 일으킨 친구를 도와줬음에도 마약 딜러라는 오명을 얻었다. 크리스틴 로즈는 친구 브랜디 다이어가 천식으로 숨을 못 쉬자, 자신의 천식용 호흡기를 빌려줬다.
> 메릴랜드의 마운트 에어리 중학교는 크리스틴에게 정학 처분을 내렸고, 마약 거래상이라고 학생기록부에 적었다. 크리스틴은 친구를 도우려 했을 뿐이라 주장한다.
> "친구에게 약을 준 건 학교 규칙에 어긋난다고 교장선생님이 말씀하셨어요. 너무 슬퍼서 펑펑 울었어요. 친구를 도와주지 말고 그대로 죽게 내버려두라는 말이잖아요."
> 브랜디는 크리스틴이 도와주지 않았다면 죽었을 거라 생각한다.

"크리스틴이 흡입기를 주지 않았다면 죽었을 거래요. 설 구해 줬는데 정학 처분이라니 말도 안돼요."

학교 측의 결정으로 크리스틴은 3년간 학교활동에 참여하지 못한다.

무관용주의와 유사한 정책으로 탄산음료와 과자를 학교에서 금지한 정책이 있다. 아이들의 비만을 막자는 것이 목적이다. 학교에 자판기를 없애면 탄산음료를 못 마실 거라 생각했을까?

한 교사는 아이들에게 올바른 판단을 내리도록 가르치려는 건 위험한 일이라고 열심히 설명했다. 그렇게 생각할 수밖에 없다. **어른인 자기들도 상식이 없는데, 아이들에게 상식을 어떻게 기대하겠는가. 이런 어른들을 절대 본받아서는 안 된다.**

The Grammer of Success 47

너만 겪는 문제가 아니다

부모님이 "너만 겪는 문제가 아니야."라고 말하면, 듣기 싫을 것이다. 자신이 판에 박힌 길을 가고 있다고 생각하기 싫을 테니까.

모든 사람은 자신의 문제가 특별하다고 생각하면서 다른 사람이 같은 문제를 겪고 있는 걸 인정하기 싫어한다. 그러나 다른 사람들도 갑자기 전기가 나가거나, 문이 잠겨 집에 못 들어가거나, 또는 아무도 자기에게 관심이 없다는 생각이 드는 등 이런저런 고통을 겪어 봤다.

여러분이 따돌림을 당하거나, 놀림을 당하거나, 외롭다고 느끼는 유일한 사람은 아니다. 이성에게 거절당하고 마음이 갈기갈기 찢어진 첫 번째 사람도 아니다.

못이 잔뜩 들어 있는 가방에 얼굴을 맞은 것처럼 여드름 자국이 커서 절대 방 밖으로 나가기 싫은 첫 번째 사람도 아니다. 주위에 아무도 없을 때 방 천장을 바라보며 자신이 앞으로 무엇이 될지 궁금해하는 첫 번째 혹은 유일한 사람도 아니다.

~~~~~

또한 부모님이나 친구들을 놀라게 하거나 화나게 만들, 어둡고 창피한 비밀들을 가졌다고 생각하는 유일한 사람이 아니다여러분의 친구 95%가 같은 비밀을 가지고 있을 것이다. 자기를 인생의 실패자로 여기고 자살하거나 다른 사람을 죽이고 싶다고 생각하는 첫 번째 사람도 아니다.

바보스러운 말을 지껄여대고 절제력이 없는 유일한 사람이 아니다. 속마음과 달리 부모에게 싫다고 말하는 유일한 사람도 아니다.

여러분은 불쾌함, 기묘함, 무뚝뚝함을 고루 갖춘 젊은이다. **이런 문제들을 모두 겪고 난 후에 분명히, 확실히, 당연히 여러분은 어른으로 살아남을 것이다.**
~~~~~

The Grammer of Success 48

자기 자신을 좋아할 이유를 만들어라

영국 철학자 존 스튜어트 밀은 우울증을 막는 최고의 방법은 '자기 생각에만 빠져 있지 않는 것'이라고 했다.

그는 이렇게 말했다.

"행복한 사람이란 자신의 행복만 생각하지 않고 다른 곳에 정신을 집중시킨 사람이다. 다른 이들의 행복, 인류의 발전, 예술 혹은 수단이 아닌 이상적인 목적에 집중한 사람이다."

다시 말하면 행복은 단전호흡을 하면서 명상에 빠진다고 찾을 수 있는 게 아니다. 오늘날에는 다양한 치료사, 자부심을 심어 주는 교육자, 슬픔 치유사, 워크숍 강사, 외상학자들이 단전호흡과 명상으로 행복을 찾을 수 있다고 격려한다. 그러나 명상의 고수가 될 정도로 수련을 한다고 해서, 용기 있는 성인 혹은 독립적인 성인이 되는 건 아니다.

한때 삶의 어려움을 미리 겪어볼 기회를 주던 스카우트마저도 자신에게만 집착하는 유행에 굴복한 듯 보인다. 어린 소녀들이 고생스럽게 걸스카우트 쿠키를 팔러 다니는 수고를 덜어 주려고, 걸스카우트는 '스트레스 저하 배지'를 만들었다. 걸스카우트 측은 소녀들의 스트레스를 해소시켜 주기 위해 만들었다고 설명했다.

여덟, 아홉 살짜리들의 스트레스를 해소해 준단다. 사춘기도 겪지 않은 어린 소녀들에게 발 마사지나 아로마 테라피를 해주고, 숨쉬기 운동을 시키고, 주머니 속의 안정제라는 워리 스톤과 스트레스 스퀴즈 공을 이용하게 하면서 말이다.

수영, 하이킹보다 스트레스 해소 효과가 높다는 소리다. 잘못 짚었다. 스트레스 감소 배지는 초등학교 4학년생의 스트레스가 아니라 엄마들의 특별한 스트레스를 해소해 주고 있다. 열한 살 된 딸을 둔 걱정 많은 엄마는 "엄마라면 딸의 스트레스를 없애 줘야죠."라고 털어놓았다.

딸에게 스트레스 대처법을 가르쳐 준다거나 스스로 해결하게 두지 않는다. 딸의 스트레스를 직접 없애 줘야 한다고 말한다. 그러니 딸을 스파에 보내야 하지 않겠는가! 한 신문기사에 따르면 클레어라는 소녀는 엄마 얼굴과 등을 크림 아보카도로 마사지를 해드리고 스트레스 감소 배지를 얻었다고 말했다.

복숭아향 핸드크림 바르기, 행복하거나 슬픈 순간을 일기로 쓰기, 요가 자세로 명상하기, 바다 향이 나는 촛불 켜기, 빠른 음악에 맞춰 춤추기, 매일 스케줄 분석하기를 하면 배지를 받는다.

이걸 다하면 최고 응석받이 공주 배지는 따 놓은 당상이다.

~~~~~

자기감정에 집착하는 게 유행이다 보니 9·11사건처럼 자신보다 다른 사람들을 생각해야 할 때조차 아이들은 자기중심적인 명상을 해야 했다.

9·11사건의 영웅들경찰, 소방관, 구조요원, 그리고 국제무역센터 내에서 다친 사람들을 도와줬던 사람들이 보여준 용기에만 아이들이 초점을 맞추지 않도록, 가정과 직장문제 연구소Families and Work Institute는 자신이 가진 특별한 점은 무엇인가를 스스로에게 묻도록 격려하는 프로그램을 만들었다.

> 9월 11일에 일어난 사건 이후 구조활동을 벌이는 사람들을 보면서 뿌듯해했다. 경찰과 소방관의 용기 있는 모습에 흐뭇했다. 그러나 우리는 자신을 좋아하는 데 인색하다.
~~~~~

아이들이 평생 어른들에게 빚졌다고 생각할까 봐 걱정이 됐는지 설교는 계속됐다.

경찰과 소방관은 곤란한 일을 당하면 언제든지 도와주러 달려오기 때문에 좋아한다. 엄마는 상냥해서 좋아하고, 형은 물건을 잘 고쳐서 좋아하고, 할머니는 요리를 잘하시고 특히 좋아하는 음식을 해주셔서 좋아한다. **그러나 여러분이 스스로를 좋아할 이유는 생각해 본 적이 없을 것이다.**

9·11사건 며칠 뒤, 어린이 정신적 쇼크 장애 전문가들은 뉴욕 공립학교 교사들이 '강해져라'라든지 '정말 잘하고 있구나'와 같은 진부한 표현을 사용하지 말아야 한다고 말했다.

그러나 크리스티나 호프 소머스와 샐리 사텔의 말처럼 **'강해져라'는 무신경하고 진부한 표현이 아니라, 중요한 인생 교훈이다.**

The Grammer of Success 49

이 또한 지나가리라

어른들은 젊은 세대가 얼마나 두려움을 많이 느끼는지 잊었다. 이것만은 명심하라. 모든 것은 곧 지나간다.

우리가 큰 실수를 저지르지 않는 한 학교를 졸업하고, 직장을 얻어서 잘 살 거라는 걸 부모님은 알고 있다. 그러나 우리는 인생에 실패해서 트레일러에서 살거나, 엄마 집에서 여전히 같이 살거나, 직업도 없이 어슬렁대는 것까지는 아니더라도 하는 일에서 희망을 보지 못하는 사람이 있다는 걸 알고 있다.

그리고 자기도 그렇게 될까 봐 두려워한다. 그렇게 될지 안 될지는 우리 자신에게 달려 있다.

어른이 되면서 모두가 계속해서 변화를 겪는다. 부모님 세대는 이런 변화에 익숙해졌지만 젊은이들의 눈에는 피상적으로 보일 뿐이다. 고등학교에서 대학으로, 대학에서 대학원이나 직장으로, 생활권의 변화가 생기고 다양한 직업과 다양한 경력을 가질 것이다.

여러 번 주소가 바뀔 것이고, 결혼이나 아이의 탄생으로 새로운 인간관계를 맺을 것이다. 국제적 경쟁, 수입, 소비, 세금, 저축, 그리고 빚의 세계로 들어선다. 살면서 겪을 수많은 변화, 수많은 선택, 그리고 불확실성이라는 인생의 속성 때문에 우리에게 앞으로 있을 변화는 위협적이기만 하다.

과거 세대에 비해 요즘 세대들은 미래를 예측할 수 없어졌고, 직업이나 인간관계는 불안정하기만 하다. 게다가 앞으로 가야 할 목적지를 써놓은 지도도 없다. 우리 인생에 관여됐던 사람들은 "안 돼!"라는 대답은 절대 하지 않고, 한계를 설정해 주지 않음으로써, 우리를 도왔다고 생각할지 모르겠다.

그러나 그 덕분에 우리에게 삶은 두려운 존재가 되었다. 우리 마음 저 뒤편 어딘가에서는 자신이 기대하는 것들이 현실에서 이루어지기 힘들며, 환상은 곧 깨지리라는 것을 알고 있기 때문이다.

～～～～～

다행히 좋은 소식이 있다. 우리는 인생을 얼마든지 바꿀 수 있다. 과거의 실패를 딛고 성공한 사람들이 존재한다. 나이가 든다고 반드시

성숙해진다고 말하진 못하지만, 나쁜 일만 계속되지 않는다는 관점이 생긴다.

다른 방식으로도 역할을 한다. **나이가 들면 인생에서 겪은 문제들이 소중한 경험이었음을 깨닫는다.**

당시에는 힘들게 해서 싫어했지만, 나중에 생각해 보면 우리를 포기하지 않았던 선생님처럼 말이다. 혹은 당장에라도 나오고 싶지만 이후의 삶을 바꿔 놓은 학교와도 같다. 혹은 우리가 과거에 했던 잘못된 선택을 통해 배운, 되고 싶지 않은 유형의 사람과도 같다.

큰 슬픔이 거센 강물처럼 네 삶에 밀려와
마음의 평화를 산산조각 내고
가장 소중한 것들을
네 눈에서 영원히 앗아갈 때면
네 가슴에 대고 말하라.
'이 또한 지나가리라.'

끝없이 힘든 일들이
네 감사의 노래를 멈추게 하고
기도하기에도 너무 지칠 때면
이 진실의 말로 하여금

네 마음에서 슬픔을 사라지게 하고

힘겨운 하루의 무거운 짐을 벗어나게 하라.

'이 또한 지나가리라.'

행운이 네게 미소 짓고

하루하루가 환희와 기쁨으로 가득 차

근심 걱정 없는 날들이 스쳐갈 때면

세속의 기쁨에 젖어 안식하지 않도록

이 말을 깊이 생각하고 가슴에 품어라.

'이 또한 지나가리라.'

너의 진실한 노력이 명예와 영광,

그리고 지상의 모든 귀한 것들을

네게 가져와 웃음을 선사할 때면

인생에서 가장 오래 지속된 일도,

가장 웅대한 일도

지상에서 잠깐 스쳐가는

한순간에 불과함을 기억하라.

_ 랜터 윌슨 스미스의 시, 〈이 또한 지나가리라〉

The Grammer of Success 50

지금 이 순간, 최선을 살아라

틀림없이 부모님은 귀찮게 굴고, 학교는 재미없고, 삶은 짜증날 거다. 그러나 언젠가 당신은 깨닫게 된다. 학생이었을 때가 얼마나 행복했었는지를 말이다.

시간은 빨리 지나간다. 여름방학, 학교, 인생. 눈 깜박할 사이에 지나가 버린다. 아직 늦지 않았다.

'지금부터 즐겁게 살아라!'

인생이라는 경기는 이미 태어나면서 시작되었고, 지금도 진행 중이다. '만약에 ~했더라면' 하는 생각으로 인생을 낭비하지 마라. 오늘 불평으로 살다 보면, 내일 비통함 속에 살게 된다.

살아온 날들보다 살아갈 날이 까마득한 젊은이라면 반드시 알아야 한다. 성공한 인생을 만드는 성공의 문법은 별거 아니다.

'지금 이 순간, 최선을 사는 것이다!'

~~~~~

나는 누구일까요?

나는 당신의 영원한 동반자입니다.

나는 당신에게

가장 큰 힘이 되기도 하고,

가장 무거운 짐이 되기도 합니다.

나는 당신을 전진하게 만들기도 하고,

당신을 잡아끌어 실패하게 만들기도 합니다.

나는 전적으로

당신의 명령을 받습니다.

당신이 하는 일의 절반 정도는

나에게 넘어오며,

나는 그 모든 일을

신속하고 정확하게 해치울 수 있습니다.
~~~~~

나를 통제하기는 아주 쉽습니다.

하지만 단호해야 합니다.

어떤 일을 어떻게 하고 싶다고

정확히 보여주기만 하면

몇 차례의 시도 끝에 자동적으로

그 일을 처리합니다.

나는 모든 위대한 사람들의 충복이며,

동시에

모든 실패자의 충복이기도 합니다.

나는 위대한 사람을

더욱 위대하게 만들고,

실패자는 더욱 실패하도록 만듭니다.

기계의 정밀함과

인간의 총명함을 갖고 일하지만

나는 기계가 아닙니다.

나를 통해 이익을 얻을 수도 있고,

파괴될 수도 있습니다.

당신이 어떻게 되든 나는 상관이 없습니다.

나를 잡아 길들이고,

훈련시키고, 단호하게 통제하면

나는 당신의 발밑에

이 세상을 바칠 것입니다.

나와 함께 편안히 사세요.

그렇지 않으면 내가 당신을 파괴할 것입니다.

나는 습관입니다!

_ 잭 D. 핫지, 《습관의 힘》에서

Tips 벤 벤스 돈의 문법

돈은 변화에 도전하는 사람에게로 온다!

복권 1등에 당첨되거나, 카지노에서 잭팟을 터트린다고 해서 부자가 되는 것은 아니다. 영국 복권 광고는 "1등 당첨자가 바로 당신일 수 있습니다."라는 슬로건으로 사람들을 유혹한다.

그러나 복권의 중독성을 알리기 위해 제작된 티셔츠에는 보다 현실적인 문구가 적혀 있다.

"1등 당첨자는 당신이 아닐 겁니다!"

당신이 부자가 되고 싶다면 스스로에게 "왜?"라는 질문을 던져야 한다. 부를 일구는 게 자신에게 매우 중요한 것인지, 자신이 절실히 원하는 것인지 스스로 답을 구해야 한다.

나치 집단수용소에서 살아남은 정신과 의사 빅터 프랭클은 "자신이

'왜' 살아남아야 하는지에 대해 답할 수 있다면 '어떻게' 살아남을 수 있는지 알게 될 것이다."라고 했다.

재정적으로 자유로워지기로 결정했다면, 당신은 "왜"에 대한 답을 찾아야 한다.

돈은 인생을 살아가는 데 도움이 되는 각종 선택권을 부여한다. 적절히 시간을 배분하고, 관리하며, 물질적 어려움에 구속되지 않은 채 취미와 흥미로운 일을 추구할 수 있는 자유를 제공한다.

나머지는 이제 당신에게 달렸다. **경험을 쌓고 주저하지 마라. 행운은 잊어버리고 변화를 시도하라. 진실된 마음으로 스스로를 변화시키는 게 가장 중요하다.**

에필로그

이 세상 어떤 사람에게도 만만한 인생은 없다!

'자부심', '자아실현', '프리허그 효과' 같은 말에 대해서 어떻게 생각하는가?

누군가 상담센터에 전화를 건다. 그리고는 슬픈 목소리로 카운슬러를 찾는다. 보호를 받아야 하기 때문이다. 지금 우리는 커다란 변화를 겪고 있다. 자신감 넘치고 독립적이던 사회는 오늘날 술래잡기와 피구 같은 '위험한' 놀이를 해서는 안 된다고 주장하는 사람들 손에 쥐어졌다.

희귀병에 걸렸다면 당연히 외부로부터 격리되어 보호받아야 한다. 그러나 모든 아이들과 젊은이들을 세상과 격리해 보호하려는 건 정신 나간 짓이다.

희귀병에 걸린 사람들이 버블bubble, 무균실이라는 장치 속에서 보호받는다면, 요즘 젊은 세대는 버블랩에 둘러싸여서 보호받는다. 누구나 자라면서 상처 입고 혹도 생기고 멍이 든다. 그러나 현대판 유모들은 우리를 버블랩으로 꽁꽁 싸매서 애초에 상처 입을 일을 없게 만들려 한다.

특히 오늘날 교육계는 이 버블랩 정신에 따라 연약한 아이들이 행여 상처받지나 않을까, 그들을 격리시키려 든다.

'어디로부터? 다름 아닌 인생으로부터.'

결국 아이들은 실망이 무엇인지 모른 채 어른이 되며, 자라면서 고된 현실 따위는 경험하지 못한다.

희귀병에 걸린 사람이 무균실 속에서만 생활하면 외부 세계에 대한 면역력이 없어지듯, 버블랩에 싸여 어른이 된 이들은 앞으로 살면서 겪게 될 일에 무방비 상태다.

살다 보면 어쩔 수 없이 실패나 좌절을 겪을 테고, 핸드폰 커버 색깔을 결정할 때와는 비교도 안 될 만큼 힘든 선택을 해야 하는 데 말이다.

오늘날은 어른으로 성장하는 데 최적의 시대다. 물질적으로 풍요롭고, 선택만 하면 다 되며, 다양한 신기술들이 쏟아져 나오고, 부모는 자녀를 과잉보호하기 급급하다. 오늘날만큼 과도한 보호 속에서 아이들 말이라면 뭐든 들어주고, 온갖 응석을 다 받아 주는 시대가 언제 또 있었던가?

동시에 오늘날은 어른으로 성장하기에 최악의 시대다. 앞으로 겪게 될 험난한 세상에 제대로 대비하지 못한 채, 우리는 어른이 된다. 우리 사회는 강인하기는커녕 살아갈 기초적인 능력조차 갖추지 못한 어른들을 계속해서 만들고 있다.

하라 에스트로프 마라노는 〈사이콜로지 투데이〉에 진 트웬지가 '제너레이션 미Generation Me'라고 불렀던 요즘 세대가 과잉보호를 받은 탓에 우울증이나 심리적인 문제를 겪고 있다고 했다.

마라노는 이렇게 썼다.

> 스스로 도전해 본 경험이 없는 젊은이들이 희로애락으로 점철된 평범한 인생에 적응하기란 쉬운 일이 아니다.
>
> 이들은 위험을 감수하지 않으려 하며, 심리적으로 유약하여 불안하기만 하다. 진정한 행복을 못 누리고, 정체성이나 인생의 목적을 찾지 못해 성취감도 얻지 못한다.
>
> 도덕적 미덕이면서 동시에 삶의 기본 능력이라 할 수 있는 인내심을 이들에게 기대해선 안 된다. 21세기의 젊은 세대는 이 같은 심리적 문제를 겪고 있다. 원하건 원치 않건 우리는 겁쟁이들을 만들고 있다.

또 C.S. 루이스는《세상에서 가장 달콤한 유혹》에서 이렇게 썼다.

> 세대마다 자신을 위험에 빠트린 악덕을 향해 한목소리를 내면서도 유행하고 있는 악덕과 가장 근접한 미덕을 찬양한다. 홍수가 났는데 소화기를 들고 뛰는 것과 같은 이치다.

잔인한 시대일수록 감수성을, 무능하고 나태한 시대일수록 책임감을, 음란한 시대일수록 청교도주의를 찬양했다.

C.S. 루이스는 오늘날 공교육의 현실을 정확히 예측했다. 이기적이고 세상의 모든 것이 제 것인 양 구는 겁쟁이 세대를, 우리 사회가 만들었다. 이 세대는 현실 세계와 격리된 채 앞으로 겪게 될 세상의 고난에 무방비 상태다.

현실이 이런데도 교육학자, 치료사, 상담사, 교육 공무원, 부모님 세대는 어떻게 하면 젊은 세대에게 자부심을 북돋아 주고, 버블랩으로 그들을 보호할지 끊임없이 고민한다.

~~~~~

이 책은 이들의 고민과 정반대되는 해결책을 제안한다. 오늘날 젊은 이들에게는 '자신을 찾아라'나 '너만의 행복을 좇아라' 식의 막연하고 감상적인 묘책이 아니라, **'삶은 불공평하다', '너에게 그럴 자격이 없다', '너의 부모처럼 세상은 네 기분에 신경 쓰지 않는다'고 말해 주는 쓴 소리가 필요하다.**

다시 말해 이 책은 자기만족을 부추기고 응석을 받아 주는 문화에 대한 해독제인 셈이다.

끊임없이 교육을 걱정하고 있는 마당에 젊은 세대에 무관심하다는
~~~~~

말은 어불성설로 들린다. 무거운 가방, 부담스러울 정도로 많은 숙제, 자부심을 해치는 등수 제도를 해결하기 전에 더욱 큰 문제를 해결해야 한다. 큰 문제부터 해결하고 나서 자잘한 문제를 신경 쓰는 게 순서다.

젊은이들에게 곧 겪게 될 삶의 고난들에 대처해 나갈 방법을 알려주지 않았다는 증거는 늘어만 간다.

성인 읽기 능력 국가평가단은 지난 십 년간 대학 졸업생의 읽기 능력이 현저하게 저하됐다는 결과를 발표했다. 최근 테스트 결과, 읽기 능력이 능숙한 수준인 대학 졸업생 수는 조사에 참여한 사람들의 3분의 1을 밑돌았다.

좀 더 심각한 소식도 있다. 아메리칸 리서치에 따르면 4년제 대학생 대다수가 신문 논설을 이해하지 못하고, 혈압이나 운동과 관련한 표를 이해하지 못했다. 그리고 4년제 대학 졸업생 중 20%만 양量을 제대로 읽는 기본 능력을 가졌다. 나머지 80%는 주유소에 도착할 때까지 차에 충분한 기름이 있는지 어림잡거나, 사무용품을 주문할 때 총 비용을 계산할 수 없다는 뜻이다.

비즈니스계, 교육계, 정치계 지도자들이 학생들의 수학, 과학 능력이 뒤처진다고 아무리 경고해도 학생들은 물론 부모들도 이 경고를 귓등으로 듣는 것 같다.

한 여론조사에서 대부분의 부모가 수학과 과학의 수업 분량에 대해 아무런 불만이 없었다. 고등학교 졸업 후 현실 세계에서 성공하려면 필수적으로 과학과 수학을 알아야 한다고 생각한 중고등학생은 절반에 불과했다.

나머지 절반의 학생들은 정확히 어떤 세계를 기대하고 있는 걸까? 기술적 개혁이 중요하지 않는 세계? 높은 연봉과 과학, 수학 능력이 관련 없는 세계? 수학 능력을 중시하는 다른 국가와의 경쟁을 걱정하지 않는 세계? 지구 온난화처럼 복잡한 과학 논쟁을 이해하지 않아도 괜찮은 세계?

이 엄청난 무지의 결과는 명백하다. 미국제조업연합이 실시한 〈기술 부족 보고서〉에서 90%에 달하는 미국 제조업자들이 과학자와 기술자처럼 고급 기술을 가진 직원들이 부족하다고 대답했다. 기술 부족이 국제 경제에서 국가 경쟁력을 위협하고 있다고 경고했다.

"고등학교가 학생들이 직장에서 일할 수 있게 준비시키는가?"라는 질문에 사업주들은 84%라는 압도적인 비율로 "아니다."라고 대답했다. 국제적인 압력이 강해지면서 좀 더 자격을 갖춘, 능력 있는 직원들이 많이, 그리고 시급하게 필요한 현시점에서 말이다.

~~~~~

오늘날의 아이들과 젊은이들은 앞으로 훨씬 치열해진 경쟁 세계에서 살 것이다.

문제는 젊은이들에게 학문적 소양이 부족할 뿐만 아니라 태도와 가
~~~~~

치관도 제대로 서 있지 않다는 데 있다. 학교에서 수학, 과학, 독해 능력을 아무리 키워 준다 해도 고용주들의 가장 큰 고민거리인 정시 출근, 시간 엄수, 직업 윤리를 갖는 등의 현실적인 문제는 해결되지 않는다.

정해진 시각에 출근하고, 올바른 태도를 갖추며, 적극적으로 일하려는 자세 등 직장생활에 필요한 기본 요소를 젊은 세대가 갖추지 못했다는 현실은 비난의 화살을 학교에만 돌릴 일이 아니다.

부모와 사회와 문화 역시 자기중심적이고 제멋대로 구는 세대를 만드는 데 일조했다. 오늘날 젊은 세대가 가진 기대감이나 특권 의식은 앞으로 이들이 들어갈 현실 세계에서 허용되지 않는다.

현 교육 시스템을 바꾼다고 문제가 해결되지는 않는다. 수준 낮은 학교를 양산해 상당수의 학생들을 뒤처지게 만들고 있는 문화야말로 우선적으로 변해야 한다. 학교 내의 문제가 학교 담장 너머로 일파만파 번지듯, 피해를 입는 건 기업만이 아니다.

버블랩에 싸여 지내다가 인생의 큰 도전들을 만난 젊은 세대들도 상당한 고통을 호소한다. 인간관계와 책임에 관련한 문제부터, 도덕적 나침반 없이 옳고 그름을 분간해야 하는 경우까지 다양한 문제를 겪는다.

어른들은 젊은 세대를 끊임없이 만족시키고 고통을 겪지 않게 보호하려 노력했지만, 젊은이들은 점점 불행해졌고 불만족스러워 했다. 1980년대 말 이래로 우울증, 불안, 섭식장애 같은 정신적 문제를 겪는 대학생들이 꾸준히 증가했다.

버블랩에 싸여 자란 젊은이들의 삶은 너무 힘겹고 실망스럽다. 과하게 부풀어진 기대감을 품고, 피할 수 없는 인생의 고난에 아무런 도움이 안 되는 도구만 지닌 채, 이들은 세상으로 내몰린다. 현실을 직접 경험할 기회가 없었으니 기대감은 무한정 늘어날 수밖에 없다. 결국 이들이 얻는 건 실망과 좌절감뿐이다.

현대판 유모라 할 수 있는 교육 공무원들이 듣기 좋은 말로 한껏 기대를 품게 한 덕분에 젊은 세대는 교육적으로, 경제적으로, 감정적으로 좌절을 겪는다.

퓨 리서치 센터의 최근 여론조사에 따르면 18세에서 25세에 이르는 청년들에게, 가장 중요한 삶의 목적은 부자가 되고 유명해지는 것이었다.

자신은 특별한 존재라는 환상을 갖고 비현실적인 기대감에 부풀어 있는 젊은 세대에게, 현실은 상당히 고통스럽기만 하다.

내 말이 너무 심했다면 사과하겠다. 내 목적은 건설적인 데 있다. 앞으로 발을 들여놓을 세상이 어떤 허튼소리를 해도 여러분이 내면의 힘과 능력을 갖추고 있다면, 그것에 저항할 수 있다. 나는 여러분이 책임과 능력을 갖춘 사람으로, 자신감이 넘치고 독립적이며 현실적으로 인생을 살도록 돕고 싶을 뿐이다.

주제에 맞춰 원칙들을 묶으려 노력했지만, 꼭 순서대로 읽을 필요는 없고 겹치는 부분도 있다. 읽는 사람에 따라 유용한 원칙도 있고 상당히 거슬리는 원칙도 있을 것이다.

평론가 헨리 루이스 멩켄이 말했다.

"어느 시대든 쓰디쓴 비판, 특히 사회에 대한 비판에 민감하게 저항하는 사람들이 있기 마련이다. 이런 사람들은 말라리아에 걸려도 말라리아 특효약 대신 마시멜로를 처방하는 의사를 찾아갈 것이다."

폴 그레이엄의 〈최선을 다한다는 것〉

Paul Graham, 〈How to work hard〉

최선을 다한다는 것은 무슨 뜻일까요? 학교를 다녀봤다면 비록 자신이 그렇게 열심히 하지 않았더라도, 그게 어떤 의미인지는 대략 짐작할 수 있을 겁니다. 지금 나에게 학생 때보다 그 의미를 더 잘 알고 있느냐고 묻는다면, 당연히 그렇다고 대답하겠습니다.

일단 무언가 위대한 일을 하고 싶다면, 최선을 다해야 합니다. 나도 어릴 때는 그 점을 확신하지 못했습니다. 학교에서 주어지는 일은 너무나 다양하며, 어떤 일들은 최선을 다하지 않아도 잘할 수 있었지요. 유명인들은 어떤 일을 별 노력 없이 쉽게 해내는 듯 보입니다. 정말 재능만으로 노력을 극복할 방법이 있는 것일까요?

나는 이제 그 답을 알고 있습니다. 그것은 불가능합니다. 학교에서 어떤 과목이 쉽게 느껴지는 이유는 기준 자체가 낮았기 때문입니다. 유명인들이 어떤 일을 쉽게 하는 것은 그들이 아주 오래 연습했기 때문이지요. 그래서 언뜻 보기에 쉬워 보였던 것입니다.

물론 그들에겐 엄청난 재능이 있는 것은 사실입니다. 하지만 재능만으로는 안 됩니다. 위대한 일을 해내기 위해서는 세 가지가 필요합니다. **재능, 연습, 노력입니다.**

이 중 두 가지만 잘해도, 어떤 일이든 뛰어난 성과를 낼 수 있습니다. 하지만 최고의 결과를 내려면 세 가지 모두가 필요하지요. 엄청난 재능과 수많은 연습, 그리고 무엇보다 그 일에 최선을 다해야 합니다.

빌 게이츠는 20대 때 가장 똑똑한 사람 중 한 명이었지만, 무엇보다 자기 일에 최선을 다한 사람이었습니다.

그는 이렇게 말했습니다.

"20대 때는 하루도 쉰 적이 없다. 단 하루도 말이다."

리오넬 메시도 비슷합니다. 그는 엄청난 재능을 타고났지만, 유소년 시절 그의 코치는 메시의 재능보다 승리에 대한 열망과 노력을 기억합니다. 내가 생각하는 20세기 가장 뛰어난 영국 작가인 P. G. 우드하우스는 글을 매우 쉽게 쓰는 것처럼 보입니다. 하지만 그는 누구보다 노력하는 사람이었지요.

그는 74살에 이렇게 썼습니다.

"새 책을 낼 때마다 나는 문학의 정원에서 신 레몬 하나를 주운 느낌이 든다. 천만다행히도 나는 모든 문장을 적어도 열 번은 다시 쓴다. 어떤 문장은 스무 번을 다시 쓰는 경우도 있다."

너무 극단적이라 생각할 수도 있겠습니다. 하지만 빌 게이츠는 더 심하지요. 10년 동안 하루도 안 쉬었다니 말입니다.

이들의 공통점은 누구 못지않은 재능을 가졌지만, 누구보다도 최선을 다했다는 것입니다. 사실 이 말은 너무 당연해 보이지만, 실제로는 매우 어려운 일이지요.

뛰어난 재능과 엄청난 노력은 모두 귀한 것들이지요. 그렇다면 이 두 가지를 모두 가진 이들은 정말로 희귀합니다. 대부분 사람들은 둘 중 하나도 가지고 있지 않기 때문이지요.

하지만 정말로 특출난 사람이 되려면 두 가지 모두가 필요합니다. 그리고 재능은 바꿀 수 없기 때문에, 위대한 일을 해내기 위해서 당신이 할 수 있는 것은 오직 엄청난 노력뿐입니다.

››››

학교처럼 명확한 목표가 주어진 경우, 최선을 다한다는 것의 의미는 분명합니다. 이를 위한 몇 가지 기술도 있지요. 자신에게 거짓말을 하지 않는 것, 미루지 않는 것미룬다는 것은 사실 자신에게 거짓말을 하는 것이죠, 딴짓하지 않는 것, 잘 안 될 때 포기하지 않는 것 등입니다. 하지만 이 정도 최선은 일반적이고, 어린아이들도 쉽게 익히는 것이지요.

외부에서 목표가 주어지지 않거나, 목표 자체가 명확하지 않은 상황에서도 최선을 다해야 합니다. 위대한 일을 해내기 위해서는, 먼저 다른 사람이 당신에게 요구하지 않아도 스스로 일하는 마음가짐을 가지는 것이 기본입니다.

나는 매 순간 최선을 다하지 않으면, 마음속에서 경고음이 울리기 시작합니다. **어떤 일에 최선을 다한다고 해서, 무언가를 해내리라는 것은 확실치 않지요. 하지만 최선을 다하지 않으면 아무것도 해내지 못하리라는 것은 100% 확실합니다. 나는 최선을 다하지 않는 그 느낌이 매우 싫습니다.**

내가 언제부터 이런 생각을 하게 됐는지는 분명치 않습니다. 다른 아이들처럼 나 역시 새로운 것을 배우거나, 무언가를 해냈을 때 성취감을 느꼈습니다. 언제부턴가 무언가를 해내지 못하면 마음이 불편해지기 시작했습니다. 13살 때 나는 TV를 더 이상 보지 않기로 마음먹었습니다.

내가 아는 몇몇 사람도 비슷한 나이에 이런 생각을 시작했습니다. 패트릭 콜리슨온라인 결제 시장의 최강자 페이팔을 위협하고 있는 스트라이프(Stripe)의 공동 창업자에게 언제 게으름을 피울 때 기분이 나빠지기 시작했는지 물었습니다.

그는 이렇게 말했습니다.

"아마 13살이나 14살 때쯤인 것 같아요. 거실에서 가만히 바깥을 바라보다가, 왜 내가 이 귀한 여름방학을 낭비하고 있는지 생각하기 시작했습니다."

나는 진짜 일이란 게 어떤 건지 알고 나서야, 비로소 최선을 다해 일할 수 있게 되었습니다. 나는 어른이 된 후에야 그것을 알게 되었지요. 왜냐하면 대학을 다닐 때도 많은 과목이 무의미했기 때문입니다. 학과 전체가 무의미한 경우도 있습니다.

하지만 나는 진짜 일이 어떤 것인지 깨닫고 나서야, 나의 열정이 마치 그 일을 위한 것인 것처럼 최선을 다할 수 있게 되었습니다. 나는 다른 사람들도 진짜 일이란 게 어떤 것인지를 깨달아야, 비로소 일을 사랑할 수 있다고 생각합니다.

수학자 하디는《어느 수학자의 변명》에서 다음과 같이 썼습니다.

"어린 시절의 나는 수학에 대한 열정은커녕 좋아하지도 않았다. 그런데 수학자가 되겠다고 마음먹은 이유는 아주 단순했다. 내게 수학이란 시험과 장학금의 문제였다. 나는 다른 친구들을 이기고 싶었고, 그게 내가 수학을 열심히 한 이유였다."

하디는 대학에서 조르당의 해석학Cours d'analyse을 배우기 전까지는 수학이 어떤 것인지 몰랐습니다.

"나는 내 세대의 수많은 수학자에게 영감을 준 조르당의 업적에서, 평생 잊을 수 없는 감동을 느꼈다. 나는 처음으로 수학이 어떤 것인지를 가슴 깊이 깨달았다."

진짜 일이란 어떤 것인지를 이해하기 위해서는 먼저 두 가지 사실을 깨달아야 합니다. 하나는 하디가 학교에서 배웠던 것처럼 학교에서 배우는 과목은 아이들에게 쉽게 가르칠 수 있도록 손질되었으며, 때로 진짜 학자들이 한 일과는 전혀 다른 모습으로 바뀌어 있다는 것이지요. 그리고 다른 하나는 어떤 종류의 일은 본질적으로 가짜며, 잘해야 소일거리에 불과하다는 사실입니다.

그러나 진짜 일에는 어떤 확실성이 있습니다. 뉴턴의 프린키피아를 쓰는 정도는 아니더라도, 적어도 그 일이 반드시 필요한 일이라는 느낌이 있습니다. 이는 매우 모호한 기준이지요. 하지만 이 모호함은 다양한 종류의 일을 모두 설명하기 위해 의도적으로 만든 모호함입니다.

진짜 일을 만나게 되면, 당신은 하루에 얼마나 많은 시간을 그 일에 써야 하는지를 알아야 합니다. 모든 시간을 계획 없이 그 일에 쏟아붓는 것은 정답이 아니지요. 이는 많은 일이 일정한 시간 이후로는 오히려 결과가 나빠지기 때문입니다.

그 한계는 일의 종류와 당신이 어떤 사람인지에 따라 달라집니다. 나는 여러 종류의 일을 해봤고, 일마다 들여야 할 적절한 시간이 각각 달랐습니다.

책을 쓰거나 프로그래밍을 할 때는 하루 다섯 시간이 한계였습니다. 그러나 스타트업을 운영할 때는 나의 모든 시간을 여기에 쏟아부었습니다. 적어도 3년을 그렇게 살았습니다. 아마 더 오래 스타트업을 했다면, 그 이후로는 적절한 휴가를 써야만 했을 것입니다.

>>>>

한계를 아는 가장 확실한 방법은 그 한계를 넘어서 보는 것이지요. 지금 당신이 하는 일의 결과에 대한 감을 길러야 합니다. 그 감은 언제 당신의 노력이 더는 효과가 없는지 알게 해줍니다.

여기서도 정직은 가장 중요한 가치이지요. 당신이 지금 게으름 피고 있는지, 혹은 불필요하게 과한 노력을 하고 있는지를 스스로 판단해야 합니다.

혹시 당신이 과도한 노력에 대한 어떤 로망을 가지고 있다면, 그 로망은 버려야 합니다. 그것은 당신의 결과를 해칠 뿐 아니라, 당신이 일을 하는 이유가 일 자체가 아닌 누군가에게 **–남이든, 당신 자신이든–** 보여주기 위한 것이 되기 때문입니다.

노력의 한계를 파악하는 일은 한 번에 끝나지 않지요. 그것은 지속적으로 해야 합니다. 일의 난이도와 당신의 능력은 계속 변하며, 이는 노력을 얼마나 기울여야 할지와 당신이 얼마나 잘하고 있는지를 쉬지 않고 판단해야 함을 의미합니다.

물론 최선을 다한다고 해서, 항상 당신을 한계까지 몰고 가라는 것은 아닙니다. 물론 그렇게 하는 사람들도 더러 있습니다.

하지만 내 경우가 더 일반적입니다. 나는 새로운 일을 시작할 때, 아니면 무언가를 확인해야 할 때 마음을 다시 다잡습니다. 왜냐하면 그 순간이 바로 일을 미루고 싶은 마음이 생기는 순간이기 때문이지요.

하지만 일단 일을 시작하고 나면, 나는 그 일을 끝까지 잘 끌고 나갑니다.

일을 계속하게 만드는 동인은 일의 종류에 따라 다릅니다. 내가 비아웹Viaweb에서 일할 때, 나를 일하게 만든 것은 실패에 대한 공포였습니다. 그때는 계속 해야 할 일이 있었고, 거의 모든 일을 미루지 않고 쉼 없이 했습니다.

주어진 일을 함으로써 밀린 일들을 줄여나갈 수 있다면, 기다릴 필요가 있을까요?

그러나 지금 내가 이 글에 시간을 쏟는 이유는 다릅니다. 바로 이 글이 완전하지 않기 때문입니다. 나는 글을 쓰지 않는 동안 마치 개가 누울 자리를 찾아 맴돌 때처럼 무언가를 계속 생각합니다. 하지만 일단 글을 쓰기 시작하면, 나는 더 이상 자신을 몰아붙일 필요가 없지요. 빠뜨린 내용과 잘못 쓴 단어들이 이미 나를 몰아붙이기 때문입니다.

나는 중요한 일에 집중하기 위해서도 최선을 다합니다. 대부분 일은 그 핵심에 가장 어려운 문제가 있고, 주변에는 다소 쉬운 문제들이 있지요. 최선을 다한다는 건 할 수 있는 한 가장 핵심을 향한다는 것입니다.

처음에는 그것이 어려울 수 있지요. 얼마 동안은 그저 주변의 쉬운 문제들을 먼저 생각할 수 있습니다. 하지만 그 자리에 멈추는 대신 가능한 한 핵심을 향해야 합니다.

당신이 인생에서 만날 수 있는 가장 위대한 문제는 바로, 이런 핵심에 있지요. 중심에 가까울수록 어려운 문제가 자리잡고 있으며, 가장자리로 갈수록 덜 중요한 쉬운 문제들이 있습니다. 최선을 다한다는 것은 한가운데로 중심을 향한다는 것이며, 가장 위대한 문제에 도전한다는 것이지요.

그러나 무엇이 가장 중심에 있는지에 대해, 모두가 항상 동의하는 것은 아닙니다. 어떤 문제가 가장 중요한지에 대해 사람들은 항상 잘못 생각하고, 이는 일반적인 상황에서나 특정한 분야에서나 항상 발생하는 일이지요.

만약 당신이 무엇이 진짜 중요한 일인지 안다면, 이것은 당신에게 아주 중요한 가치 있는 기회가 주어졌다는 뜻입니다.

위대한 일일수록 더 어렵습니다. 물론 그 사실을 부정해서도 안 되지만, 단순히 어려움 자체를 어떤 일을 할지의 기준으로 삼아서도 안 됩니다. 때로 다른 이에게는 진정 어려운 일이 당신에게 어떤 다른 능력이 우연히 있거나, 그 문제에 접근하는 새로운 방법을 찾았거나, 그저 당신이 그 문제를 흥미롭게 생각한다는 것만으로 더 쉽고 적절한 도전이 되기도 하지요. 이는 당신이 그 문제에 뛰어들 좋은 기회라는 뜻이기도 합니다.

위대한 일의 상당수는 어려운 문제를 쉽게 만드는 방법을 찾은 사람들이 이뤄냈습니다.

>>>>

진짜 일이 무엇인지 아는 것 못지않게, 당신이 어떤 일에 적합한 사람인지 아는 것도 중요하지요. 이는 당신의 재능과는 전혀 다른 문제입니다.

당신의 키가 2m라고 해서 꼭 농구를 해야 하는 것은 아닙니다. 당신에게 적합한 일은 당신의 재능보다 오히려 당신이 어떤 일에 흥미를 느끼는가와 더 관련이 있을 수 있지요. **어떤 주제에 대한 진정한 호기심은 다른 어떤 마음가짐보다 그 사람을 더 열심히 일하게 합니다.**

물론 자신의 흥미를 찾는 것은 자신이 가진 재능을 찾는 것보다 더 어려운 일입니다. 흥미의 종류는 재능의 종류보다 훨씬 더 많고, 재능은 보통 어린 시절부터 발견되기 시작합니다.

흥미를 느끼는 분야는 어린 시절에는 아예 없을 수도 있습니다. 보통 20대가 되어서야, 아니면 더 나중에 발견됩니다. 그리고 자신이 그 일에 흥미를 가진 것이라고 오해하게 만드는 여러 요소들이 있습니다. 돈을 많이 벌 수 있기 때문에, 다른 사람들의 칭찬 때문에, 아니면 부모님이 원하시기 때문에 사람들은 그 일을 좋아한다고 착각하곤 합니다.

언제 자신에게 맞는 일을 찾게 되는지는 사람마다 다릅니다. 이것은 내가 어른이 되어 배운 것 중 가장 중요한 사실입니다. 어릴 때 나는 모든 사람에게는 천직이 있으며, 사람들은 이를 발견하기만 하면 된다고 생각했지요. 사실 모든 영화와 위인전은 이렇게 가르칩니다. 실제로 그런 일이 일어나기도 하고요. 모차르트처럼 어릴 때부터 자신에게 맞는 일을 찾고, 그 일을 계속하는 사람도 있습니다.

하지만 만유인력의 법칙을 발견하고, 뉴턴의 운동 법칙을 통해 고전 역학의 기초를 놓은 아이작 뉴턴은 평생 다른 일들로 옮겨 다녔습니다. 뉴턴이 수학과 물리학에 더 전념하고, 연금술과 신학에 시간을 덜 썼다면 얼마나 좋았을까요뉴턴은 17세기 '과학 혁명의 아버지'이지만 실제로는 성경의 해석과 연금술에 더 많은 시간을 쏟았다.

그러나 이것은 후향적 편견이 만든 환상일 뿐입니다. 뉴턴에게 자신의 천직이 무엇인지를 말해 주는 목소리 같은 것은 없었습니다. 즉 어떤 사람은 일찍 자신의 천직을 찾지만, 어떤 사람은 평생 천직을 찾아야 합니다.

이 천직을 찾는 사람들에게, 다음에 어떤 일을 할지를 찾는 것은 마치 여러 방정식을 동시에 푸는 것과 같습니다. 이들에게는 앞서 말한 과정 외에 또 다른 요소가 필요하지요.

곧 내가 얼마나 열심히 하는지, 그리고 얼마나 잘하는지를 측정하는 동시에, 이 분야에서 계속 일을 해야 할지 아니면 다른 분야로 가야 할지를 항상 생각해야 합니다.

이것은 말로는 쉽게 들리지만 실제로는 매우 어려운 일입니다. 일을 시작한 첫날에 그 일이 어렵고 결과가 나오지 않는다고 해서, 바로 그만둬서는 안 됩니다. 적어도 어느 정도의 시간은 투자해야 합니다.

하지만 얼마 동안 자신을 테스트해야 할까요? 그리고 어떤 일이 잘 되다가 갑자기 안 될 때는 어떻게 해야 할까요? 그리고 좋은 결과란 대체 어떤 것일까요?

이것도 쉬운 질문이 아닙니다. 그 분야에 사람이 별로 없다면, 사실 당신이 잘하고 있는지를 아는 것조차도 매우 어려운 일입니다. 인류의 역사는 자신이 하는 일이 얼마나 중요한 일인지를 제대로 판단하지 못한 수많은 예들로 가득차 있으니까요.

››››

당신이 이 일에 계속 매달려야 할지를 말해 주는 가장 좋은 기준은 '당신이 그 문제를 흥미롭게 생각하는가'입니다. 이 기준은 얼핏 너무 주관적으로 보입니다. 하지만 이것은 당신이 얻을 수 있는 가장 정확한 기준이지요.

이 일을 하는 사람은 그 누구도 아닌 바로 당신입니다. 그 일이 중요한지를 당신보다 더 잘 판단할 사람이 있을까요? 그리고 당신이 그 일에 흥미를 느끼는지보다 그 일의 중요성을 말해 줄 더 확실한 무언가가 있을까요?

하지만 이 기준을 적용하기 위해 가장 중요한 첫 번째는 스스로에게 정직해야 한다는 것입니다. **사실 이것이야말로 최선을 다한다는 것이 무엇인지에 대한 가장 중요한 기준이지요. 매 순간의 판단에 있어 당**

신은 스스로에게 정직해야 합니다.

최선을 다한다는 것은 그저 노력의 강도를 최대치로 올리는 것이 절대 아닙니다. 이것은 시시각각 변하는 복잡한 시스템에서, 매 순간 최적의 결정을 내려야 하는 문제입니다.

당신은 진짜 일이 어떤 것인지를 이해하고, 당신이 어떤 일에 적합한지를 파악하고, 그 일의 핵심에 가능한 한 가깝게 접근하고, 매 순간 당신이 할 수 있는 노력을 다하는지와 당신이 얼마나 잘하고 있는지를 정확하게 판단하고, 결과를 해치지 않는 선에서 하루 몇 시간을 투자해야 하는지를 결정할 수 있어야 합니다.

이는 모든 것이 연결된 매우 복잡한 방정식입니다. 하지만 매 순간 당신이 스스로에게 정직하고 스스로를 잘 판단할 수 있다면, 당신은 저절로 최적의 상태에 돌입하게 되며, 이 세상에서 정말 귀한 생산적인 사람이 될 수 있을 것입니다.

“

최선을 다했다는 말을

함부로 쓰지 마라.

최선이란

자기의 노력이 스스로를 감동시킬 때

비로소 쓸 수 있는 말이다.

_조정래

”

딱 3년,
공부만 하는 바보가 돼라

지은이 찰스 J. 사이키스
펴낸이 이종록　펴낸곳 스마트비즈니스
등록번호 제 313-2005-00129호　등록일 2005년 6월 18일
주소 경기도 고양시 일산동구 정발산로 24, 웨스턴돔타워 T4-414호
전화 031-907-7093　팩스 031-907-7094
이메일 smartbiz@sbpub.net
ISBN 979-11-6343-053-7 43190

초판 1쇄 발행 2023년 7월 24일